AF243177

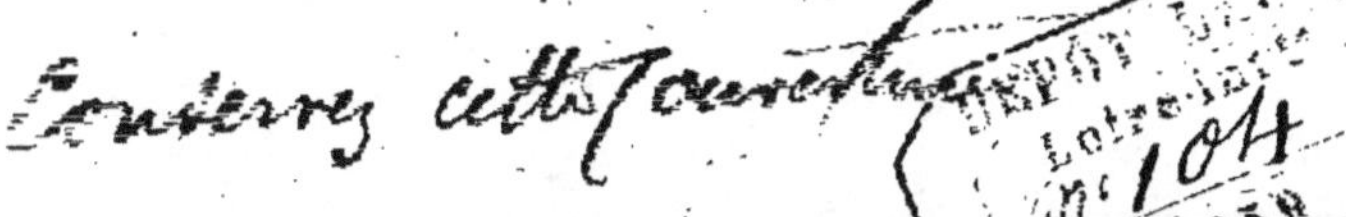

RÉCIT SOMMAIRE

DE LA DÉPLORABLE

AFFAIRE DE QUIBERON

PAR

M. LE CHEVALIER BERTHIER DE GRANDRY.

(Extrait de la Revue de Bretagne et de Vendée.)

NANTES,

IMPRIMERIE DE VINCENT FOREST,

PLACE DU COMMERCE, 1.

1861.

RÉCIT SOMMAIRE

DE LA DÉPLORABLE

AFFAIRE DE QUIBERON

PAR

M. LE CHEVALIER BERTHIER DE GRANDRY.

NANTES,

IMPRIMERIE DE VINCENT FOREST,

PLACE DU COMMERCE, 1.

—

1861.

M. le chevalier Claude Berthier de Grandry est décédé le 2 novembre dernier à Versailles. Il appartenait à une famille distinguée de l'Auxerrois dont le nom revient sans cesse sur les *États militaires* de l'ancien régime comme dans l'*Annuaire militaire* d'aujourd'hui. Cette famille est représentée en ce moment, dans l'armée, par deux généraux de brigade du cadre de réserve et par un capitaine d'artillerie.

Le *Récit* que nous publions date déjà d'assez loin. Il fut écrit en 1816 et n'a pas été retouché depuis. C'est ce qui explique pourquoi l'auteur parle au futur de l'érection du monument de Quiberon et donne ailleurs comme n'existant plus des relations qui, vers la fin de sa vie, étaient redevenues très-intimes. Mais M. de Grandry n'avait pas écrit pour le public ; il l'avait fait pour ses deux fils, ainsi qu'on le verra par les paroles touchantes qu'il leur adresse, et ces deux jeunes gens, tous les deux fort distingués, étant venus à mourir longtemps avant leur père, le manuscrit qu'il leur destinait n'avait plus aucun intérêt pour lui (').

Ces deux morts imprévues, que suivit bientôt la mort de sa femme, furent des coups terribles pour M. de Grandry. Resté seul,

(1) L'aîné fut enlevé au moment où il allait entrer à l'École polytechnique ; le second avait été reçu des premiers à Saint-Cyr en 1824 et il en était sorti dans l'état-major.

il trouva du moins d'autres enfants dans les enfants de son frère ; il était ingénieux en outre à multiplier les liens d'affection autour de lui. On verra par son *Récit* qu'il rencontra en Bretagne, après la désastreuse affaire de Quiberon, quelques amis dévoués. Son souvenir leur resta toujours fidèle, et, quarante, cinquante ans après cette triste époque, lorsque toute relation avait été interrompue par la distance et par le temps, il les suivait encore de la pensée, non-seulement eux, mais leurs fils et petits-fils ; et, s'il apprenait par quelques lignes de journal, par une promotion, par un mouvement de troupes, qu'un des leurs se trouvait aux environs de Versailles, il partait aussitôt, il se présentait inopinément, tantôt chez une jeune femme, tantôt chez un jeune homme, qui lui étaient personnellement inconnus, et leur prodiguait les témoignages du plus vif et du plus cordial intérêt. Les enfants de ses anciens amis devenaient dès lors pour lui comme une seconde famille qu'il aimait à réunir à celle qui l'entourait de son affection. M. de Grandry était l'âme de ces réunions par la bonté sympathique qui animait toutes ses paroles. Jamais on n'unit mieux la distinction du cœur à celle de l'esprit.

On s'en convaincra, au reste, en lisant les pages suivantes où l'intérêt qu'inspire l'auteur le cède à peine à l'intérêt qui naît des événements. Nulle recherche ni dans la pensée ni dans le style ; mais un accent de vérité qui convainc, un esprit de justice qui attache et un sentiment de reconnaissance qui touche. C'est en outre un témoin oculaire dont la voix vient se joindre à celles de MM. de la Roche-Barnaud, d'Autrechaux, de la Villegourio, de Saint-Georges, de Montbron, de Chaumareix, de l'abbé Péricaud, du Cte de Vauban, etc., sur une expédition et sur un massacre presque contemporains dont quelques circonstances ont été contestées, mais dont le souvenir, malgré tous les efforts de la Révolution, émeut encore la France et surtout la Bretagne.

NOTE DE LA RÉDACTION.

RÉCIT SOMMAIRE

DE LA

DÉPLORABLE AFFAIRE DE QUIBERON

ET

Relation des circonstances auxquelles a dû son salut le Chevalier Berthier de Grandry, fait prisonnier avec toutes les troupes de l'expédition, le 21 Juillet 1795, condamné à mort le 29 Août, et conduit ce même jour au supplice avec dix-neuf de ses infortunés compagnons d'armes, qui ont tous péri !

—

I.

Ce fut certainement par une faveur toute spéciale de la Providence qu'échappèrent à leurs bourreaux quelques-unes des victimes qu'ils avaient déjà comptées ! mais, de ce petit nombre, il n'en est pas une qui ait à lui rendre plus que moi d'éternelles actions de grâces.

Nourri dans l'amour de mon pays et de mon Roi, le cœur plein d'enthousiasme, je partis seul à l'âge de quinze ans et demi, et rejoignis mon frère aîné qui, sortant de l'École militaire, et venant d'être nommé sous-lieutenant au régiment de *Maréchal de Turenne*, était allé se ranger à Ath sous le drapeau royal levé par Mgr le duc de Bourbon. J'étais alors de faible complexion, de taille fort petite, et M. le comte (depuis duc) de la Châtre faisait quelques difficultés de me recevoir, lorsque, ayant aperçu un fusil dans un des coins de la chambre, je me saisis de cette arme, la couchai vivement en joue et fis partir la détente, voulant prouver par là que je ne serais point un membre complétement inutile. M. de la Châtre, satisfait de cet enfantillage résolu, eut enfin la bonté de m'admettre dans la compagnie des officiers de *Maréchal de Turenne*, où je fis, avec mon frère, la campagne de 1792.

Au licenciement de l'armée du duc de Bourbon à Liège, je venais de perdre ce frère dont la maladie avait épuisé toutes nos petites finances, et j'allais rester seul, à l'entrée de l'hiver, sans aucune espèce de ressources. Mais la Providence, qui m'avait marqué de son doigt protecteur, vint à mon aide, et me fit trouver asile chez M. Delo, ministre de l'Église réformée à Maestricht, avec qui, jusque là, je n'avais jamais eu la moindre relation. Inopinément appelé dans cette maison hospitalière, la veille même du licenciement, à dix heures du soir, j'acceptai avec bonheur cette offre bienveillante venue si à propos, et me rendis incontinent à Maestricht où cet homme vénérable m'accueillit les bras ouverts. C'était à l'un de mes bons camarades de *Maréchal de Turenne*, à M. de Belrieux, que j'étais redevable d'un intérêt si grand et si inattendu ; sa femme, pendant la campagne, avait occupé un appartement chez M. Delo ; il était venu la rejoindre, et avait raconté à ce bon ministre mon dénuement et la cruelle situation dont j'étais menacé. — Faites-le venir, lui dit-il aussitôt, il sera mon douzième enfant ! — C'est en effet à ce titre qu'il me reçut et me traita durant les six mois que je passai chez lui. J'y étais lors du siége de 1793, où je pris part à la défense de la ville en qualité de volontaire dans l'une des compagnies d'émigrés qui s'y formèrent.

Ce généreux bienfaiteur avait conçu pour moi la plus vive affection, et me la témoignait incessamment. Il ne voulait point entendre parler de séparation. C'était un sujet inabordable, qui le mettait toujours dans une grande et sérieuse colère. Cependant, le moment de reprendre les armes était arrivé. De nouveaux corps s'organisaient partout, et mon jeune courage, humilié de rester inactif, s'enivrait du noble désir de rentrer dans la carrière, et de se dévouer encore à la plus juste, à la plus sainte des causes. Bien donc que M. Delo s'y opposât de toute son autorité, et avec l'expression d'une tendresse vraiment paternelle, je pris, non sans amertume, la résolution de le quitter, et de braver les poignants reproches d'ingratitude dont il m'accablait. Je fus rejoindre le régiment de *Loyal-Émigrant* où je fis les campagnes de 1793, 1794 et 1795, et dans lequel j'échappai à la meurtrière sortie de Menin, et aux horribles massacres de Niewport ([1]).

C'est avec les débris de ce corps, déjà trois fois renouvelé et réduit à 250 hommes, que je fus pris à Quiberon le 21 juillet 1795.

Le régiment de *Loyal-Émigrant,* que commandait M. le comte de la Châtre, avait été constamment placé, depuis sa formation, soit à l'avant-garde, soit à l'arrière-garde, mais toujours aux avant-postes les plus périlleux de l'armée anglaise, de sorte que, tous les jours aux prises avec l'ennemi, c'était assurément un des corps les plus aguerris. Après la retraite de Hollande, dans le rude hiver de 1794 à 1795, il prit ses cantonnements dans le Hanôvre, et fut ensuite sur

(1) Nous regrettons que M. de Grandry n'ait pas donné quelques détails sur cette belle sortie de Menin qui fut la gloire de *Loyal-Émigrant.* Un bataillon de ce régiment, commandé par le lieutenant-colonel marquis de Vilaines, se trouvait enfermé à Menin, lorsque cette petite ville fut investie par 40,000 républicains, deux mois avant la bataille de Fleurus. Toute résistance était impossible, mais une capitulation ne l'était guère moins, car les lois de la Convention interdisaient de faire quartier aux émigrés. Le vieux général hanovrien Hammerstein, qui commandait dans la place, n'était point homme d'ailleurs à livrer ses compagnons d'armes. Il fut donc résolu, sur la demande du marquis de Vilaines au nom de tous les officiers du corps, qu'on tenterait une sortie. Cette sortie eut lieu dans la nuit du 30 avril 1794. Le bataillon de *Loyal-Émigrant* comptait à peu près 800 hommes, et il était accompagné d'un certain nombre d'officiers français appartenant aux armes spéciales parmi lesquels se trouvaient deux de nos compatriotes, le baron de Gourdeau et le chevalier de Chevigné, officier du génie d'une haute distinction. L'action fut des plus chaudes et des plus brillantes. Les émigrés se firent jour à l'épée et à la baïonnette, à travers l'armée républicaine qui occupait les rues d'un long faubourg, et non-seulement ils brisèrent tous les obstacles, mais il enlevèrent même deux pièces de canon. Les républicains étaient tellement troublés par la surprise et par la nuit, qu'après le passage de la petite colonne, ils se fusillèrent entre eux. Pendant ce temps-là, le général Hammerstein sortait sans difficulté par une autre issue. Le lendemain, *Loyal-Émigrant* arriva à Bruges, mais plus de la moitié des hommes manquait au drapeau.

L'autre bataillon du régiment occupait Newport. Cette ville ayant capitulé quelques jours après, tous ceux des émigrés qui ne purent fuir, c'est-à-dire les quatre cinquièmes, furent fusillés impitoyablement. *(Note de la Rédaction.)*

Stade, puis embarqué et transporté à l'île de Wight, en face de Sou-thampton, où se préparait l'expédition destinée à un débarquement sur les côtes de la Bretagne.

Cette expédition dont *Loyal - Émigrant* devait faire partie, se composait des régiments d'*Hervilly*, d'*Hector*, du *Dresnay*, et d'un corps d'artillerie sous les ordres de M. de Rotalier. Tous ces corps, formant à peine 5000 hommes, étaient nouvellement organisés, et, malheureusement, presque uniquement recrutés de Français pri-sonniers de guerre en Angleterre. Ce recrutement exercé avec menaces, accepté de presque tous à contre-cœur, devint la cause principale du désastre de cette trop faible armée (¹). Quant à l'artil-lerie, elle ne comptait dans ses rangs, à peu d'exceptions près, que des Toulonnais réfugiés dont la fidélité ne pouvait jamais être sus-pecte, et elle le prouva bien.

La flotte chargée de ces troupes sous le commandement de sire John Waren, se composait au moins de cent voiles, dont une vingtaine de bâtiments de guerre et les autres de transport. Un certain nombre de ces derniers ne portaient que des armes, des munitions, et des habillements destinés aux populations appelées à seconder le mouvement projeté. On appareilla le 14 juin 1795. Per-sonne ne savait vers quel point du globe on se dirigeait. On n'en eut connaissance que deux jours avant d'arriver à destination, où, disait-on, nous devions trouver une force considérable déjà organisée.

Deux circonstances retardèrent un peu la marche de la flotte: d'abord une tempête, qui dura quarante-huit heures, nous éparpilla et nous jeta au loin de notre route; ensuite la présence d'une escadre française que commandait l'amiral Villaret-Joyeuse; mais

---

(1) L'enrôlement des prisonniers est du fait de l'Angleterre, et le comte d'Hervilly fut le premier à en signaler les dangers. — « Ce n'est qu'avec un sentiment de peine infinie, écrivait-il aux ministres anglais, le 2 mai 1795, que dans le dénombrement des troupes royales on trouve un grand nombre de prisonniers républicains.... Un semblable mélange ne peut être que très-préjudiciable. Ces prisonniers doivent être d'autant plus enracinés dans leurs opinions démocratiques qu'ils ont plus souffert pour leur cause.... Le cabinet veut faire descendre sept ou huit mille hommes en Bretagne; qu'il patiente un peu et nous serons bientôt assez d'émigrés pour compléter le nombre ; mais accepter parmi nous des prisonniers dont personne ne connaît la moralité, c'est introduire un ennemi dans nos rangs...... » — Ces paroles n'étaient que trop prophétiques.　　　(*N. de la R.*)

battue à la hauteur d'Ouessant par l'amiral anglais Bridport qui croisait dans ces parages, elle nous livra bientôt passage en se réfugiant à Lorient. Enfin nous vînmes à terre le 26, et jetâmes l'ancre vers quatre heures du soir dans la baie de Quiberon. Les ordres furent donnés immédiatement pour qu'on se préparât à opérer la descente le lendemain matin, et, le 27, dès la pointe du jour, les chaloupes en ligne s'avançaient vers la côte dans le plus grand ordre. *Loyal-Émigrant*, comme toujours, était à l'avant-garde, et aborda sans coup férir, car un bataillon républicain, commandé par le général Roman, ne jugea pas à propos de nous tirer même un seul coup de fusil. Après s'être montré un instant, lorsque nous étions encore hors de distance, il s'éloigna et disparut promptement, craignant, sans doute, s'il s'engageait, que la retraite lui fût coupée par un soulèvement des campagnes. Les troupes débarquèrent donc avec leur matériel sans la moindre résistance, et, en moins de trois heures, tout était à terre. Nous restâmes jusqu'au soir en position sur le rivage à une demi-lieue du village de Carnac, et on y proclama l'avénement au trône de Sa Majesté Louis XVIII.

Durant toute cette journée, nous fûmes rejoints par un grand nombre de détachements de paysans bretons, parmi lesquels quelques-uns seulement étaient pourvus de mauvais fusils de munition ou de chasse, et les autres de bâtons, de fourches, etc. A mesure qu'ils arrivaient, on leur distribuait des habits, des armes et des cartouches dont ils firent tout de suite une grande consommation. Ce fut un feu roulant tout le long du jour, nonobstant la défense qui leur en fut faite et réitérée. Nous nous attendions à trouver une force au moins en voie d'organisation, et notre mécompte fut grand à l'aspect de ces masses indisciplinées. Je me rappelle encore l'impression fâcheuse que nous éprouvâmes, prévoyant bien qu'elles ne nous seraient que d'un faible secours, sinon nuisibles, si quelques troupes nous étaient bientôt opposées.

Le soir, ayant quitté notre position du rivage, on nous cantonna, tant à Carnac, que dans les villages et hameaux voisins. *Loyal-Émigrant* occupa les plus avancés. Nous demeurâmes ainsi huit mortels jours, sans faire aucun mouvement, ne pouvant nous rendre compte d'une telle inaction, dans une situation que nous jugions devenir à chaque moment plus dangereuse. Et, en effet, si nous y eussions été attaqués, même par une force égale, il n'y a pas le moindre doute que nous eussions subi dès lors la catastrophe survenue plus tard. Cette inaction prouve incontestablement combien l'expédition était mal conduite, et que l'on s'y était engagé sans plan, sans prévoyance, sans idée juste sur l'état et les moyens militaires du pays (¹).

Quelques détachements de paysans furent envoyés sur Auray, sur Landevant, Pontivy et d'autres points ; mais après de faibles succès obtenus par quelques-uns, ils furent bientôt repoussés ou dispersés.

Cependant le général Hoche, qui, je crois, commandait à Rennes, ne perdait point de temps ; rassemblant avec célérité toutes les troupes disponibles dans les départements d'Ille-et-Vilaine, du Morbihan et circonvoisins, il se mit promptement en mesure de marcher à notre rencontre. Notre immobilité, qui dénotait tant d'hésitation, devait, au surplus, le remplir de confiance.

C'est alors qu'informés de son approche imminente et avec des forces supérieures, nos chefs pensèrent enfin à nous trouver un abri dans la presqu'île de Quiberon, derrière le fort Penthièvre qui en

---

(1) Les faits, très-connus aujourd'hui, justifient pleinement les appréciations de M. de Grandry. Conflit d'autorité entre les chefs et divergence de plans, tels furent les motifs de l'inaction beaucoup trop prolongée du corps expéditionnaire. Le comte de Puisaye commandait en chef en vertu de pouvoirs émanant des lords de l'Amirauté, et le comte d'Hervilly prétendait à une entière liberté d'action en vertu d'instructions secrètes du Comité royaliste. Le Comité lui recommandait, en effet, de n'agir que sous sa *responsabilité personnelle*, de n'avancer dans l'intérieur que lorsqu'il serait sûr du concours de tous, et de laisser ainsi le temps à M. de Puisaye de *démasquer ses plans* que, suivant lui, tout portait à croire *hostiles au rétablissement de la branche aînée des Bourbons*, etc. On supposait que M. de Puisaye avait en vue le duc d'York ou peut-être le comte d'Artois. — A cette cause d'irritation s'en joignait une autre. M. de Puisaye aurait voulu se lancer immédiatement dans l'intérieur, rallier les Chouans et marcher avec eux sur Rennes. M. d'Hervilly, au contraire, habitué à une guerre méthodique, et la plupart des émigrés avec lui, voulaient attendre le reste de l'expédition, et montraient trop peu de confiance peut-être aux bandes, peu disciplinées, il est vrai, qui accouraient à leur rencontre. Les *Mémoires de Rohu*, que la *Revue* a publiés, n'hésitent pas à dire que si les émigrés eussent avancé dans l'intérieur, *il était visible que la Bretagne en masse se soulevait, tant était grande la joie produite par la nouvelle de l'arrivée d'une armée royale.* *(N. de la R.)*

occupe l'extrémité, très-resserrée du côté de la terre. L'attaque en fut donc arrêtée. Les régiments d'*Hervilly* et autres se dirigèrent par terre, et arrivèrent en vue du fort le 3 ou 4 juillet à la pointe du jour, tandis qu'une ligne de chaloupes portant les deux cent cinquante volontaires de *Loyal-Émigrant* et environ trois mille paysans bretons, traversait la baie et s'avançait en bataille vers le centre de la presqu'île. Nous en étions assez près déjà pour distinguer une batterie de quelques pièces pointées vers nous, mais nous n'y apercevions aucun mouvement, et nous n'entendions ni un seul coup de canon, ni même un seul coup de fusil, du côté de l'attaque de terre. Nous ne savions que penser, nous étions tout étonnés de ce silence. Toutefois nous avancions toujours, l'œil fixé sur les pièces dont nous attendions incessamment la décharge, et nous abordâmes le rivage, très-surpris de le trouver sans défense. Bientôt, cependant, nous en connûmes la raison ; le fort avait capitulé à la première sommation, et, peu après notre débarquement, nous en vîmes passer la petite garnison prisonnière de guerre, qui, sous l'escorte des nôtres, se rendait à l'escadre anglaise avec son commandant nommé Le maire (¹).

Ce facile triomphe ne pouvait arriver plus à propos ; un jour, et peut-être quelques heures plus tard, il nous fût devenu impossible de l'obtenir, et nous eussions été forcés au rembarquement, car, dès le soir de cette même journée, le général Hoche s'établissait sur les hauteurs de Sainte-Barbe, à l'extrémité de la falaise, langue de terre ou plutôt de sable d'environ une lieue et demie de longueur sur une demi-lieue de large, bordée par la mer à droite et à gauche, et qui s'étend de Sainte-Barbe jusqu'au fort où elle n'a plus qu'une centaine de pas entre les deux mers. La presqu'île de Quiberon en est le prolongement. C'est dans cet espace étroit que la guerre se poursuivit jusqu'au fatal 21 juillet.

Le jour où nous prîmes possession de la presqu'île, sept ou huit mille paysans, hommes et femmes, fuyant les républicains, y arrivèrent en foule, et rendirent les approvisionnements difficiles. Ils

---

(1) D'autres historiens le nomment *Delize*.   (*N. de la R.*)

furent relégués à l'extrémité de l'île, où on les organisa tant bien que mal. C'était M. de Puisaye, par l'influence de qui l'expédition avait eu lieu, qui s'était chargé de cette organisation et du commandement général de tous les soulèvements qui se manifesteraient à notre approche. Les troupes régulières furent cantonnées sur divers points, et *Loyal-Émigrant* au hameau de Saint-Pierre, à un grand quart de lieue du fort, auquel on s'empressa d'ajouter quelques batteries et quelques fortifications. On construisit, en outre, un redan en avant de sa base et occupant presque tout l'espace entre les deux mers. Plus en avant, une courtine fut élevée, qui s'étendait aussi d'une mer à l'autre, et les avant-postes furent échelonnés jusqu'à une demi-lieue plus loin. Enfin, les abords du camp retranché appuyé à la droite du fort, furent rendus plus difficiles.

Plusieurs petites attaques ou reconnaissances eurent lieu, mais sans résultat, depuis le 7 jusqu'au 16 juillet, jour où il fut résolu d'en diriger une plus sérieuse sur le camp ennemi.

Ce camp était assis sur la falaise, derrière une ligne de retranchements garnie d'une formidable artillerie, et dont la droite et la gauche avoisinaient la mer. Ces retranchements étaient assez près des hauteurs de Sainte-Barbe pour être protégés par les fortes batteries qu'y avait fait élever le général Hoche.

Le 15 juillet, vers minuit, trois mille hommes de troupes régulières, suivis de quinze cents Chouans, s'ébranlèrent et marchèrent en silence jusqu'à un ravin profond et transversal, qui se trouvait à peu près à mi-chemin entre le fort et le camp. Là, ils furent arrêtés en attendant le point du jour pour se reporter en avant. Ce second mouvement commença à l'apparition des fusées que le comte de Vauban avait ordre de tirer pour annoncer le débarquement de douze cents Chouans, qu'il conduisait sur la côte de Carnac, et qui devaient ensuite se porter rapidement sur les derrières de l'ennemi (¹).

____

(1) Il avait été convenu que le comte de Vauban lancerait une fusée à son arrivée dans la baie de Carnac, et une seconde si la descente n'avait pas réussi. Vauban ne put débarquer qu'au jour ; une surprise devenait dès lors impraticable. Il lança donc la seconde fusée qui devait annoncer son échec ; mais l'éclat du soleil, près de son lever, empêcha de l'apercevoir, et les émigrés marchèrent au combat en se tenant sûrs d'une diversion sur laquelle il ne fallait plus compter. *(N. de la R.)*

Le régiment d'*Hector* à la droite, celui de *du Dresnay* au centre et celui d'*Hervilly* à la gauche, étaient formés en colonnes, précédés de huit pièces de campagne et de *Loyal-Émigrant* en tirailleurs ; les quinze cents Chouans, aussi en colonne, marchaient en arrière. Nous ne tardâmes pas à entrevoir les védettes qui se dessinaient sur la partie éclairée de l'horizon, et à arriver aux avant-postes républicains. Ils se composaient de forts piquets d'environ six cents hommes, qui, tout en soutenant une très-vive fusillade, firent prompte retraite, et se mirent en moins d'une heure à l'abri de leurs fortifications, laissant l'espace vide entre elles et nous. Le feu avait totalement cessé, nos colonnes s'avançaient d'un pas ferme et l'arme au bras, les tambours battaient la charge. On n'apercevait pas un chapeau, pas la pointe d'une baïonnette au-dessus des retranchements ennemis, lorsque, tout-à-coup, leurs batteries se démasquèrent et vomirent une effroyable grêle de mitraille accompagnée de la fusillade la mieux nourrie. A cette première et épouvantable décharge, plus d'une grande moitié du régiment d'*Hector* fut balayée et une bonne partie aussi de celui de *du Dresnay* (¹) ; celui d'*Hervilly*, protégé en ce terrible moment par un mouvement de terrain, fut plus ménagé, et *Loyal-Émigrant*, éparpillé en tirailleurs, déjà presque au pied des retranchements, n'en souffrit que très-peu. Toute cette volée de fer lui passa au-dessus de la tête. Mais ce ravage dans les rangs d'*Hector* et de *du Dresnay* y causa une telle perturbation qu'il leur devint impossible de se reformer sous une mitraille qui ne discontinuait plus. Cinq de nos pièces furent démontées, tous les chevaux furent tués, et les trois canons qu'on parvint à sauver étaient tirés à bras. Le désordre se mit partout, la

---

(1) Le régiment d'*Hector* perdit, à lui seul, soixante officiers. Celui de *du Dresnay* perdit sa compagnie d'élite et un grand nombre d'officiers, parmi lesquels son commandant, le comte de Talhouët, blessé dès le commencement de l'action, mais qui n'en continua pas moins de commander jusqu'à ce qu'un second coup l'étendit parmi les morts. — « A la bonne heure, on voit que ce sont des Français ! » disaient les républicains. Ce mot, qui nous a été conservé par Rouget de Lisle, n'est que trop justifié par la liste des morts de cette terrible journée : sur quatre mille hommes, douze à quatorze cents restèrent sur le champ de bataille. (*N. de la R.*)

déroute fut affreuse et générale (¹). J'ai lu quelque part que le régiment d'*Hervilly* se maintint et soutint la retraite; je ne saurais ni l'affirmer ni le nier. Tout ce que je puis dire, c'est qu'au moment de la désastreuse explosion, j'étais très-près des retranchements et marchant toujours en avant, sans rien savoir de ce qui se passait derrière moi; ce ne fut qu'en arrivant au pied même de ces retranchements que, jetant par hasard les yeux sur ma droite, j'aperçus les colonnes républicaines qui en débouchaient pour se précipiter à notre poursuite; alors, m'étant retourné, je ne vis plus que confusion et des fuyards qui étaient déjà loin. Je me hâtai de les rejoindre à toutes jambes. J'y parvins difficilement et sans avoir entrevu l'ombre d'une troupe conservant encore le moindre ordre. Mais le régiment d'*Hervilly* se trouvait peut-être hors de ma vue, couvert par un pli de terrain; je l'ignore complétement. Toutefois la poursuite était vive, la mitraille et les boulets nous atteignirent longtemps. Nous perdimes beaucoup de monde encore dans cette déroute, et, entre autres, M. d'Hervilly qui fut mortellement blessé dès le commencement. Si l'ennemi eût eu seulement un escadron de cavalerie, c'en était fait de nous tous, personne ne rentrait au fort; mais il n'avait heureusement qu'une quarantaine de chasseurs, qui, longeant notre gauche au grand trot, s'abattirent sur les deux tiers de notre masse débandée, et nous sabrèrent quelque temps sans qu'on songeât à leur opposer la moindre résistance. Ce fut M. de Corday, frère de la fameuse Charlotte Corday, grenadier volontaire de *Loyal-Émigrant*, qui, se retournant subitement, s'écria d'une voix de tonnerre : — « Comment! nous nous laisserons charger par quarante b.... comme ça! » — Alors, chacun s'arrête, chacun fait feu, et les chasseurs tombent presque tous. Quant à M. de Corday, qui se trouvait pressé par l'un d'eux, s'apercevant en le mettant en joue que son fusil n'avait plus de chien, il le combattit à la baïonnette et le tua. Le lendemain, à l'ordre du jour, il fut nommé chevalier de Saint-Louis, moins, sans doute, pour cette action que pour l'exclamation qui l'avait précédée, et qui sauva la vie à un grand nombre des nôtres.

---

(1) On ne peut en être surpris lorsqu'on se rappelle la composition des régiments où les prisonniers républicains formaient la majorité.   (*N. de la R.*)

Les républicains s'avancèrent jusqu'à bonne portée du fort, malgré le feu très-vif des chaloupes canonnières anglaises qui labouraient leur front et leur flanc gauche, et durent leur faire beaucoup de mal. Trois cents soldats de cette nation descendirent à terre pour protéger notre retraite, et vinrent garnir la courtine dont j'ai parlé plus haut, construite à quelques toises en avant du redan. Mais l'ennemi ne s'en approcha pas assez près pour engager un nouveau combat.

M. de Sombreuil était arrivé le 15, au soir, dans la baie de Quiberon, amenant avec lui neuf cents hommes, dont quelques hussards de Salm, et les restes de divers corps, tels que les braves légions de *Béon*, de *Damas*, et autres vieilles troupes, qui, comme *Loyal-Émigrant*, avaient été si maltraitées en Flandre et en Hollande. Ce général, au premier coup de canon tiré le 16, à la pointe du jour, débarqua seul de sa personne et arriva sur le champ de bataille. J'ai entendu dire plusieurs fois à des officiers de différents corps que, peu satisfait des mesures prises par M. d'Hervilly et loin de croire qu'il en pût résulter le moindre avantage, il lui en fit aussitôt l'observation et conseilla même de donner d'autres dispositions aux colonnes d'attaque, prévoyant et affirmant qu'elles allaient être écrasées. Prédiction qui ne s'est, hélas! que trop promptement réalisée! On ajoutait que M. d'Hervilly avait fort mal reçu ce conseil de la part du jeune général, et n'en avait tenu compte. Certes, il aurait, en ce cas, payé bien cher ce superbe dédain, puisque, blessé à mort quelques instants après et transporté, au moment de la prise du fort, à bord de la *Pomone*, frégate portant le pavillon du commodore, il y succomba au bout de quelques jours.

Déjà, avant l'affaire du 16, plusieurs soldats des régiments recrutés dans les prisons d'Angleterre, avaient passé à l'ennemi, et cette malheureuse journée ne contribua pas peu à augmenter la désertion. Au reste, à moins de succès soutenus et décisifs, on devait bien s'attendre à cette défection de prisonniers qui, pour la plupart, n'avaient cédé qu'aux mauvais traitements, au désir de recouvrer la liberté, et avec le dessein bien arrêté de rejoindre leurs anciens frères d'armes, les républicains, à la première occasion favorable.

Cette désertion accéléra, dit-on, l'attaque qui nous fut si fatale, et que conduisit le général Hoche, dans la nuit du 20 au 21 juillet. On affirmait qu'un sous-officier d'*Hervilly*, je crois, après avoir levé le plan des fortifications, après avoir reconnu un passage praticable à travers les roches escarpées baignées par la mer, et dont le sommet aboutissait au flanc gauche du fort, point, en apparence, le moins exposé et, par conséquent, le plus faible, on affirmait, dis-je, qu'après s'être également assuré de nombreuses intelligences qui aideraient les assaillants, ce sous-officier avait porté tous ces renseignements au général ennemi, et que celui-ci s'était empressé de les mettre aussitôt à profit, dans la crainte que plus tard les hommes entrés dans le complot ne fussent plus en position de le favoriser. Ce fait, que toutes les bouches répétaient alors, n'avait rien d'invraisemblable, et je suis tout disposé à l'admettre comme parfaitement certain (¹).

Mais il en est un autre que l'histoire ne devra peut-être pas accepter aussi facilement, quoique la conduite ultérieure de celui à qui il est reproché ait assurément donné lieu d'y ajouter foi pleine et entière. On disait, d'une manière très-positive, que, trois ou quatre jours après l'affaire du 16, M. de Puisaye avait eu sur la falaise une longue conférence avec le général Humbert, conférence par suite de laquelle la position de nos avant-postes avait été changée, de telle sorte que la troupe destinée à l'attaque par les rochers pût s'avancer dans la mer sans être aperçue ni entendue de ces postes; et, en effet, elle ne le fut point. Si M. de Puisaye, au moment du péril, se fût montré un homme de courage et d'honneur, cet *on dit* n'aurait certainement pris aucune consistance, mais sa fuite

---

(1) Plusieurs transfuges s'échappèrent du fort Penthièvre pour aller trouver Hoche Les deux premiers se nommaient Antoine Mauvage et Nicolas Litté. C'étaient d'anciens sergents du régiment de *Bretagne*, qui faisaient partie de la garnison du fort lorsque les émigrés s'en emparèrent, et qui furent imprudemment incorporés dans l'armée royaliste. Hoche les nomma capitaines après la reprise du fort. Un troisième, nommé David Goujon, proposa au général républicain de lui livrer le fort au moyen des intelligences qu'il y conservait, en y pénétrant à marée basse par le côté de la mer, que l'on croyait inabordable. David Goujon fut nommé lieutenant, après le succès.

(N. de la R.)

honteuse, dont je parlerai plus loin, a laissé le champ libre à toutes les conjectures, même les plus hasardées (¹).

La nuit du 20 au 21 juillet, vers une heure du matin, était extrêmement sombre et orageuse. Le vent soufflait avec force, la pluie tombait abondamment, et toutes ces circonstances favorisaient on ne peut plus l'approche des colonnes républicaines. Celle de gauche, qui se portait dans la mer jusqu'aux genoux, sur le camp retranché appuyé à la droite du fort, fut repoussée avec perte d'hommes par la batterie dite de *Loyal-Émigrant;* celle du centre, s'avançant sur le redan, fut aussi un moment ébranlée, mais elle revint bientôt à la charge, avertie, encouragée par les cris qui se faisaient entendre du fort, où la colonne de droite pénétrait en ce moment. En effet, les trois cents hommes qui la composaient, ayant marché dans la mer jusqu'à la ceinture et seulement armés de sabres, avaient atteint la base des rochers et s'étaient élevés jusqu'à leur sommet, gravissant en silence, se poussant, se tirant les uns les autres; or, au lieu d'y rencontrer des ennemis, ils y trouvèrent des camarades qui leur tendirent la main et se joignirent à eux. Alors, tout devint confusion; la résistance fut néanmoins courageuse, énergique; les braves canonniers furent assommés sur leurs pièces, et les colonnes, n'étant plus inquiétées par leur feu, reprirent de l'aplomb, renouvelèrent leurs attaques, et arrivèrent rapidement au fort, dont presque toute la partie fidèle de la garnison fut massacrée (²).

(1) Rien de plus juste que cette réflexion de M. de Grandry. Quant à l'entrevue de Puisaye et du général Humbert, voici dans quelle circonstance elle avait eu lieu. Le 18, au soir, Puisaye, visitant les avant-postes, se trouva à une portée de fusil du général Humbert, que quelques tirailleurs accompagnaient. Ceux-ci allaient faire feu lorsque le général les en empêcha. On agite, en même temps, un drapeau blanc du côté des républicains. MM. de Marconnay et de Contades s'avancent du côté des royalistes ; la conversation s'engage ; on parle de conciliation ; mais Puisaye, s'apercevant que plusieurs volontaires se détachaient de son escorte pour aller rejoindre M. de Marconnay et son compagnon, les rappela immédiament, et tout fut dit. Les paroles du général Humbert et la modération dont il parut faire preuve dans cette circonstance ne furent pas malheureusement sans influence sur la disposition où furent dès lors les émigrés à croire à la possibilité d'une capitulation.

(*N. de la R.*)

(2) Dans son ordre du jour à ses troupes, Hoche avait positivement dit : — « Le général Humbert...... fera courir jusqu'au fort dont il s'emparera en franchissant la palissade; il

Pendant cette horrible scène de carnage, la portion de *Loyal-Émigrant* qui n'était pas de service demeurait cantonnée au petit hameau de Saint-Pierre, à moins d'une demi-lieue du fort. Je me rappelle toujours que j'étais couché tout habillé sur une *maie* à pétrir le pain. Je sommeillais difficilement, il me semblait rêver et entendre le vent, la pluie, le tonnerre, ayant l'esprit tout préoccupé de la prise de Toulon, que je savais s'être effectuée par un semblable temps. J'éprouvais enfin de vagues et pénibles inquiétudes, quand le cri de : *Aux armes ! aux armes !* répété d'une voix alarmante, réalisa mon triste pressentiment. En quelques minutes, le régiment fut assemblé et se porta précipitamment vers le fort, ayant à sa tête son brave major, M. d'Haize. Le jour commençait à poindre quand nous arrivâmes à cinq cents pas environ du rempart que nous apercevions à peine, et il régnait au-delà un lugubre silence..... M. d'Haize nous arrêta un instant pour nous remettre en ordre et nous former en colonne; puis il nous fit reprendre la marche au pas de charge. Mais nous ne fûmes pas plus tôt en mouvement que nous fûmes arrêtés par un officier à cheval, qui semblait venir du fort. — « Quelle est cette troupe ? s'écria-t-il. » — « *Loyal-Émigrant*, lui répondit M. d'Haize. » — « Où allez-vous? » — « Au fort. » — « Le fort est pris. » — « Eh bien ! répliqua M. d'Haize, nous le reprendrons à la baïonnette. » — « Il ne s'agit pas de cela, repartit l'officier, il faut battre en retraite, et choisir une position avantageuse. La journée sera chaude !...» Et, piquant des deux, M. de Puisaye, car c'était lui, gagna la mer et la flotte anglaise. Nous ne le revîmes plus. Cette fuite honteuse, déterminée par la peur ou par la trahison, fit passer le commandement aux mains de M. de Sombreuil. Il est probable que M. de Puisaye donna aussi l'ordre de la retraite aux autres troupes qu'il rencontra, car, en effectuant la nôtre, nous ne vîmes aucune de celles que l'alarme aurait dû amener comme nous vers le champ de bataille (¹).

égorgera tout ce qui s'y trouvera, à moins que les fusiliers ne viennent se joindre à sa troupe. *Les officiers, sergents d'infanterie et canonniers n'auront point de grâce.* »

(*N. de la R.*)

(1) Puisaye avait envoyé deux de ses officiers, l'un des Robu et le marquis de la Jaille, pour obtenir du commodore anglais qu'il fît approcher ses chaloupes, afin de faciliter un

Nous nous repliâmes d'abord sur le parc d'artillerie où nous ne trouvâmes que les trois seules pièces sauvées à l'affaire du 16, et dont les caissons étaient tous vides. Nos gibernes l'étaient aussi, aucune distribution de cartouches n'ayant été faite depuis cette affaire, de sorte que la moindre résistance nous devenait impossible, si ce n'est à la baïonnette. Au surplus, je ne parle ici que de *Loyal-Émigrant*, ne sachant pas si les autres corps se trouvaient mieux pourvus.

Notre retraite s'opéra d'abord fort tranquillement; seulement, dès que le point du jour permit à l'ennemi de nous apercevoir, quelques boulets de canon tirés à toute volée vinrent rouler et mourir à nos pieds. Cependant les républicains étaient sortis du fort, marchant à notre poursuite sur trois colonnes précédées de tirailleurs dont le feu, auquel nous ne répondions pas, était très-rare. Beaucoup d'entre nous, dans tous les corps, avaient cherché leur salut au bord de la mer, vers les points où ils espéraient trouver des embarcations; mais un très-petit nombre put profiter de ce moyen de sûreté, car les chaloupes manquaient, et les Anglais, dont on appelait le secours, n'en envoyèrent pas ou n'en envoyèrent que quelques-unes, la mer étant trop grosse pour qu'on pût les diriger sans péril. Il y en eut qui se précipitèrent dans les flots; des canots de chasse-marée trop surchargés chavirèrent; un grand nombre d'hommes périrent ainsi. La masse des paysans, surtout les femmes, poussaient de lamentables cris. C'était un désordre effroyable!

Toutefois quelques fractions de troupes plus ou moins nombreuses qui se maintenaient en ligne se retiraient sur un vieux fortin, ou plutôt une batterie de côte, dite le *Fort Neuf*, près du port Aliguen, tout ouverte et dégarnie d'artillerie, et elles s'y rassemblaient

---

rembarquement. Les chaloupes n'arrivant point, il se dirigea lui-même vers la flotte, et ne revint pas. Le grand malheur de M. de Puisaye fut d'être plus anglais que français, ainsi qu'il ne le prouva que trop en se faisant donner, plus tard, des lettres de naturalité en Angleterre. N'avait-il pas, dès lors, écrit à M. Pitt, le lendemain de la bataille du 16 : — « L'intervention de vos troupes devient nécessaire.... Je préférerais maintenant deux mille Anglais à six mille Français.... » — Ces sentiments, bien connus dans l'armée, y avaient rendu M. de Puisaye très-impopulaire, et cette impopularité fut pour quelque chose, sans doute, dans sa fuite.　　　　　　　　　　　　　　　(*N. de la R.*)

sans aucun espoir de résistance, pressées qu'elles étaient de trois côtés par les colonnes ennemies qui s'avancent sans tirer jusqu'à moins de cent cinquante pas, en criant : « Rendez-vous ! rendez-vous ! »

C'est dans cette extrémité que le brave général de Sombreuil, se portant seul en avant, cria au général républicain : « Faites » arrêter vos colonnes et permettez le rembarquement, ou je fais » commencer le feu, et nous nous défendrons jusqu'au dernier. » — « Je ne puis permettre le rembarquement, répondit le général » Hoche qui s'était approché de M. de Sombreuil ; mais mettez bas » les armes, vous serez traités comme prisonniers de guerre. » — « Même les émigrés ? » demanda M. de Sombreuil. — « Oui, répli-» qua Hoche, même les émigrés, tout ce qui mettra bas les armes. » Quant à vous personnellement, général, ajouta-t-il, je ne puis » vous rien promettre. » — « Je ne demande rien pour moi, » » répondit aussitôt M. de Sombreuil ; pourvu que je sauve la vie à » mes braves compagnons d'armes, je suis content, je mourrai » satisfait. » — Puis, revenant à nous : — « Mes amis, nous dit-il, » mettez bas les armes ; j'ai obtenu une capitulation avantageuse. » Vous serez traités comme prisonniers de guerre, tous, même les » émigrés (¹). »

(1) Rien de plus explicite assurément que ce récit. Les historiens révolutionnaires ont fait de vains efforts pour nier la capitulation. Sans doute il n'y eut point de capitulation régulière, ainsi que M de Grandry le fait remarquer plus loin, rien ne fut écrit ; mais l'armée républicaine entière consacra de sa parole une suprême transaction. Cambronne, qui en faisait partie, a souvent raconté que les grenadiers crièrent sur toute la ligne : « *Bas les armes ! vous serez épargnés !* » — (Voir *Histoire de la Vendée militaire*, par Crétineau-Joly, t. III, p. 328.) Napoléon a également constaté dans ses *Mémoires* (t. VI, p. 267), qu'il y eut *une sorte de capitulation verbale faite au milieu de l'action*. Suivant lui, il est vrai, Hoche n'y aurait point pris part ; mais s'il fut étranger à l'engagement généreux que prirent ses soldats, pourquoi ne pas les démentir sur-le-champ ? Pourquoi ne pas démentir la voix du général Humbert qui parlait de paix ? — « Le général Hoche fit tout ce qu'il put, ajoute Napoléon ; ce fut de ne pas faire garder les prisonniers qui eurent toute la nuit pour gagner la forêt et se sauver. *La plupart de ces malheureux ne voulurent point en profiter.* » — Et pourquoi ne le voulurent-ils point ? Parce qu'ils avaient foi dans la loyauté de leurs ennemis. A ceux des émigrés qui en doutaient, Sombreuil avait dit : — « Eh ! Messieurs, croyons au moins à la foi des Français. » — « La foi des révolutionnaires m'est si connue, lui dit alors Lantivy de Kerveno, que je vous jure que nous serons tous sacrifiés. » — Pressentiment trop vrai que malheureusement bien peu partagèrent ! (*N. de la R.*)

Ainsi eut lieu la capitulation verbale, sur la foi du général Hoche qui, s'étant à son tour approché de nous et continuant à s'entretenir avec M. de Sombreuil, demanda qu'on fît cesser immédiatement le feu de la corvette anglaise (*Le Lark*) qui ne discontinuait pas. — C'est alors que M. de Géry, officier de marine, se jeta à la nage pour aller informer le commandant de cette corvette du traité qui venait d'être conclu, et l'engager à ne plus tirer, ce à quoi il obtempéra sur-le-champ. En vain M. de Géry fut prié, supplié de monter à bord, en vain voulut-on le convaincre qu'il ne devait point compter sur la capitulation ; ne doutant point de la parole donnée, il revint en homme d'honneur prendre ses fers, et fut bientôt victime de sa courageuse et trop noble confiance (').

J'ai souvent entendu imputer aux Anglais d'avoir tiré sur nous, mais il y a bien assez de reproches à leur faire sans les charger encore de cette odieuse calomnie. S'il est vrai que quelques-uns de leurs boulets soient tombés dans nos rangs, c'est que les colonnes républicaines s'en trouvaient extrêmement rapprochées et que, la justesse du tir étant fort incertaine, sur une mer très-grosse et

(1) Le nom de cet héroïque jeune homme était Joseph-François-Anne Gesril du Papeu. Il était compatriote et compagnon d'enfance de M. de Chateaubriand. Avant la Révolution, il était lieutenant de vaisseau, et, à Quiberon, il faisait partie du régiment d'*Hector*, comme lieutenant de la compagnie noble des élèves de la marine. Nous avons souvent entendu raconter à M. de Gourdeau qui, blessé d'une balle au pied et ne pouvant marcher, avait rejoint à la nage la flotte anglaise, tous les efforts qui furent faits, notamment par le capitaine Keats et par l'amiral de Vaugiraud, pour retenir M. de Gesril. On alla jusqu'à lui refuser un canot, mais il n'en fut pas moins inébranlable. — « Je suis prisonnier de guerre, répondit-il constamment ; ma parole est engagée, je ne puis y manquer. » — Et il se jeta de nouveau à la mer. Profitant cependant de la cessation du feu de l'escadre, les républicains s'étaient répandus sur le rivage d'où ils tiraient sur les malheureux qui cherchaient à rejoindre les bâtiments en rade. Ils tirèrent également sur Gesril qui venait à eux ; plus de vingt coups de fusil lui furent adressés. Un d'eux l'atteignit au bras gauche ; il faillit se noyer et n'aborda qu'avec peine. La nuit suivante, pendant qu'on se rendait à Auray, le capitaine Rottier, de Nantes, un des officiers de l'escorte, engagea Gesril à s'évader ; Gesril refusa, se croyant toujours lié par sa parole. (Voir *Biographie bretonne*, t. 1er, p. 786.)

Qu'on nous permette maintenant de demander : A quel titre le général républicain Hoche ou Humbert, n'importe lequel, pouvait-il prier les émigrés de faire taire le feu de la flotte anglaise, si on ne leur réservait pour toute capitulation que les fusillades du *champ des Martyrs* ? (*N. de la R.*)

très-houleuse, il était presque impossible que plusieurs de ces projectiles ne vinssent pas s'égarer parmi nous (¹).

Les prisonniers ayant été successivement réunis, car il y en avait beaucoup qui erraient dans la campagne et sur la côte, on en forma plusieurs détachements qui furent conduits, chacun sous une faible escorte, au camp des républicains, à ce camp dont les batteries nous avaient si cruellement maltraités à l'affaire du 16. Je me trouvais être du premier détachement, et nous traversâmes le fort en même temps que le conventionnel Tallien y arrivait de son côté. Il nous aborda presque avec bienveillance, en nous disant : « Voilà, » Messieurs, une journée bien malheureuse pour vous. » — Et certes, il y avait dans ces paroles, dans leur expression, dans l'attitude de celui qui les prononçait, un témoignage ou plutôt une apparence d'intérêt qui était loin de nous faire présumer que cet homme, avant peu de jours, serait le barbare instigateur de notre massacre, et qu'il aurait la monstrueuse scélératesse d'affirmer à la tribune que nous étions tous armés de poignards empoisonnés (²).

Oui, sans doute, plusieurs d'entre nous avaient des poignards, c'étaient les officiers, qui, comme tous les officiers anglais de ce temps, suspendaient cette arme à leur baudrier au lieu d'épée, quand ils n'étaient pas de service.

J'ai oublié de dire qu'avant de quitter la plage où les armes venaient d'être posées, M. de Sombreuil obtint la permission d'écrire au commodore anglais pour lui rendre compte de l'événement, et aussi du honteux abandon dans lequel nous avait laissés M. de Puisaye.

(1) On évalue à 1,800 le nombre des Chouans et des émigrés qui parvinrent à rejoindre la flotte anglaise.   (*N. de la R.*)

(2) Voici le passage du discours de Tallien auquel M. de Grandiy fait allusion : — « Je » tiens à la main un des poignards dont ces chevaliers étaient armés, qu'ils destinaient à » percer le sein des Patriotes et dont ils n'ont pas fait usage pour eux-mêmes parce qu'ils » connaissaient le venin que cette arme recélait.(Montrant un poignard): Il faut apprendre » à toutes les nations qu'un animal en ayant été frappé, il a été vérifié que la blessure » était empoisonnée. » (*Moniteur* du 10 thermidor de l'an III.) — Calomnie absurde autant qu'atroce, dont Tallien lui-même, si nous en croyons M. Crétineau, s'est repenti depuis.   (*N. de la R.*)

Je n'ai point vu ce rapport, mais plusieurs officiers m'ont assuré l'avoir lu, et m'ont dit qu'il était accablant pour l'honneur de ce général.

L'infâme Tallien avait-il déjà conçu son odieux et criminel projet, lorsqu'il nous aborda et qu'il nous parut si véritablement touché de notre infortune? Je l'ignore; mais je ne puis assez dire ni exprimer comme je le voudrais, le sentiment de franche satisfaction avec lequel nous fûmes accueillis par les officiers et soldats que nous trouvâmes au camp. Ils nous prenaient bras dessus, bras dessous, nous menaient dans leurs baraques ou à leurs bivouacs, nous faisaient boire et manger ce qu'ils avaient, et beaucoup d'entre eux nous traitant en frères se réjouissaient d'une capitulation qu'ils croyaient sincère. Ils nous félicitaient surtout d'être redevenus Français.

Lorsque tous les prisonniers furent rassemblés, tant ceux qui arrivaient par détachements et sous escorte que ceux qui rejoignaient isolément, on nous forma en colonne sur quatre de front, ayant en tête Mgr l'évêque de Dol et le général de Sombreuil, puis on nous mit en route pour Auray, vers quatre heures du soir. Les soldats qui composaient notre escorte nous étaient si inférieurs en nombre qu'ils marchaient à environ six pas les uns des autres, et rien ne nous eût été plus facile que de les désarmer, si nous eussions eu le moindre soupçon que la capitulation serait violée, et qu'un sort affreux nous était réservé. Dans tous les cas, ils n'auraient certainement pu s'opposer à notre évasion à travers les bois, par la nuit la plus sombre, dans un pays dont nous savions que tous les habitants étaient bien disposés en notre faveur. Beaucoup eussent échappé, sans doute, et rien de pire ne serait arrivé à ceux qui eussent été repris. Des officiers, des soldats nous en donnaient tous le conseil : « Filez, » nous disaient-ils; « filez, filez, c'est le plus » sûr. » — Si quelques-uns profitèrent de ce prudent et utile avis, ce fut un bien petit nombre, car, à peu d'exceptions près, chacun croyait sa foi personnelle engagée par celle du général (¹).

(1) Notre vénérable compatriote, M. Meuret, qui était alors sergent dans la légion nantaise, a souvent raconté qu'un émigré lui ayant demandé de s'arrêter et lui disant de

C'est sans doute, il faut le croire, dans un intérêt d'amour-propre national que quelques historiens ont nié la capitulation. A la vérité, elle n'a point été écrite, les circonstances ne le permettaient pas; mais rien n'est plus positif : elle a été verbalement articulée. Le général Hoche a promis que tout ce qui mettrait bas les armes, *même les émigrés*, serait traité comme prisonnier de guerre. Il n'en a excepté que le général de Sombreuil qui s'est héroïquement dévoué. Aussi, ce brave et généreux officier, comparaissant devant la commission militaire, évoqua-t-il, non pour lui, mais pour tous ses infortunés frères d'armes, l'exécution de cette capitulation. Se retournant alors vers l'auditoire rempli de soldats : — « J'en appelle à vous, grena- » diers, leur cria-t-il, ai-je capitulé, oui ou non? » Et tous répondirent par acclamation : « *Oui! oui!* vous avez capitulé! C'est une horreur de vous traiter ainsi! »

Loin de moi la pensée d'insulter à la mémoire du général Hoche, en lui attribuant cette odieuse perfidie et en l'en rendant responsable. Non, le général Hoche a traité de bonne foi, je veux le croire, et sans arrière-pensée; mais pourtant, je le dirai, quelque gloire qu'on prétende attacher à son nom, elle est souillée d'une tache ineffaçable, car l'honneur lui prescrivait de proclamer hautement la capitulation, dès qu'il connut la résolution de la fouler aux pieds (¹); l'honneur lui imposait l'obligation de la protéger, de la défendre par tous les moyens qui étaient en son pouvoir, même au

laisser, s'il le voulait, un soldat à sa garde, il lui avait répondu : — « C'est inutile. » — L'émigré s'arrêta, et quelle ne fut pas la surprise de M. Meuret de le voir, au bout de quelques minutes, venir reprendre sa place dans le rang !

(N. de la R.)

(1) Non-seulement le général Hoche ne protesta pas contre la violation de la capitulation; mais il la nia par un écrit public.

Hoche n'était pas naturellement sanguinaire.

aussi bien que possible avec tous les partis. Dans cette circonstance, il se hâta de quitter Auray, afin sans doute de ne point prendre part aux exécutions dont il laissa la responsabilité au général Lemoine; mais tout ce qu'il fit pour les prisonniers se borna à insérer la phrase suivante dans une lettre au Comité de Salut public : « Il serait cruel et impolitique de songer à détruire 6 ou 7,000 familles qui ont été entraînées à Quiberon par la terreur ou le prestige. » — D'un autre côté et au même moment, Hoche écrivait aux représentants Guezno et Guermeur : — « Vos collègues Blad et Tallien ont fait plusieurs arrêtés relatifs péril de sa vie, ou du moins de briser son épée, s'il ne pouvait en faire exécuter les conditions que sa parole avait rendues sacrées, plus encore pour lui que pour nous. Or, je ne sache pas qu'il se soit en rien acquitté de ce devoir d'honneur, et, sous ce rapport, honte à jamais au général Hoche !

aux prisonniers, et bientôt la commission militaire, *qui sera demain en activité*, fera justice des conspirateurs qui se trouvent parmi eux.— 6 thermidor an III. » Voir la *Vendée militaire* de M. Crétineau-Joly, t. III, p. 334 et 337.)

(*N. de la R.*)

II.

Nous arrivâmes à Auray de onze heures à minuit, et nous fûmes immédiatement entassés les uns sur les autres, c'est à la lettre, dans l'église de Saint-Gildas. Je passai cette première et cruelle nuit de ma captivité sur les marches du grand-autel, étouffé, pour ainsi dire, sous le poids de mes infortunés camarades qui s'étaient étendus sur moi.

Oh ! je ne me doutais guère alors, dans cette affreuse position, je ne me doutais guère du bonheur que je devais éprouver un jour sur les marches de cè même autel. Certes, rien ne pouvait me présager que, huit ans plus tard, j'y épouserais une jeune parente du malheureux Sombreuil !

Le lendemain, vers midi, les émigrés, officiers et volontaires des différents corps, ayant été appelés pour être séparés des soldats, je me présentai avec ceux de *Loyal-Émigrant*. En cet instant, un officier municipal de la ville, M. Duffeigna, qui, sans doute, avait l'inspiration de m'être utile, peut-être même de me sauver, s'appro-

cha de moi, et me dit d'un ton fort brusque : « On ne demande que
» les émigrés, et vous n'êtes point émigré, vous ! » — « Je le suis,
» lui répondis-je. » — «Mais non,» continua-t-il, en appuyant fortement sur ses expressions, « vous n'êtes point émigré, vous ! vous
» n'êtes point émigré ! » — « Je le suis, lui répétai-je, avec quelque
» impatience, et je veux suivre mes camarades. » Alors, cet officier
municipal, contrarié probablement de ce que je ne le comprenais
pas, ou fatigué de mon obstination, me saisit le bras, et, me poussant fortement : — « Eh bien ! allez donc, répliqua-t-il, puisque
» vous le voulez ! »

Transférés de l'église dans la prison, et entassés de nouveau par
chambrées, on ne tarda pas à nous faire une distribution de vivres
fournis par l'inquiète et bienveillante charité des habitants d'Auray.
Nous nous précipitâmes en affamés sur ces provisions de toute sorte,
car la plupart de nous n'avaient rien mangé depuis l'avant-veille, et
nous étions encore plus exténués de besoin qu'excédés de nos
tristes préoccupations et de la longue marche que nous avions
faite.

Le hasard m'ayant momentanément placé dans la même chambre
que M. de Sombreuil, ce général, aussi bon que brave, et toujours
bien plus occupé du sort de ses compagnons d'armes que du sien
propre, me témoigna le plus touchant intérêt : — « Vous êtes bien
» jeune, me dit-il, en venant à moi. Mon ami, quel âge avez-vous ? »
— « J'ai dix-neuf ans, mon général, lui répondis-je. » — Et il
ajouta : « Vous êtes loin de les paraître. Si vous êtes interrogé,
» croyez-moi, ne vous en donnez que quinze. C'est un devoir pour
» nous de conserver au Roi le plus de bons sujets que nous pour-
» rons. » Cette recommandation était sans doute provoquée par les
bruits sinistres qui déjà se répandaient ([1]).

([1]) Ce même jour, en effet, M. de Sombreuil adressait la lettre suivante au général
Hoche : — « Monsieur, j'écris aujourd'hui à M. Tallien et lui parle du sort de ceux dont
» les circonstances m'ont fait hier le chef. Dans le calme comme dans l'orage des combats,
» j'emploierai toujours les moyens que me permettent les lois militaires pour veiller à ce
» qui les intéresse. Toutes vos troupes se sont engagées envers le petit nombre qui me
» restait et qui aurait nécessairement succombé. Mais, Monsieur, la parole de tous ceux

Le jour suivant, quelques dames de la ville obtinrent l'autorisation de nous visiter et de préparer des aliments pour un grand nombre d'entre nous. A cet effet, on établit, dans la cour même de la prison, différents ustensiles propres à leur cuisson. Beaucoup d'autres, bientôt, voulurent participer à cet acte de dévoucment, et nulle expression ne saurait rendre leur zèle à nous être utiles, leur empressement à nous offrir tous les secours qu'il était en leur pouvoir de nous donner. C'était à ce point, que plusieurs d'entre elles bravèrent les coups de crosse et même les coups de baïonnette pour arriver jusqu'à nous (¹). Le général de Sombreuil fut particulièrement secouru par la famille Leconte dont il était le parent. Quant à moi, je ne sus point profiter de ce bienveillant intérêt. Mon extrême timidité ne me le permit pas. Je n'osais aborder aucune dame et encore moins lui adresser la parole; je les fuyais plutôt que de les approcher, en sorte que je n'eus pas la moindre part aux festins que je voyais apprêter avec envie, et je restai rigoureusement réduit à une simple et très-chétive ration de pain de munition. La seule hardiesse que je me permis alors fut de demander à une vieille demoiselle qui avait beaucoup de barbe (Mlle Fougère), et peut-être parce qu'elle avait de la barbe, de me procurer une plume, de l'encre et du papier, et de se charger de mettre à la poste une lettre à ma bonne mère, lettre qui remplit de déchirantes angoisses le cœur de cette pauvre mère. Elle eut le courage néanmoins de les y concentrer, dans la crainte d'ébruiter ma position et de la rendre plus fâcheuse encore en donnant l'éveil à nos ennemis révolutionnaires.

Je ne saurais préciser le très-petit nombre de jours pendant lesquels on nous laissa jouir d'une certaine liberté, nous promener à volonté dans la cour et communiquer avec nos compatissantes visi-

<hr>

» qui sont venus jusque dans nos rangs la leur donner doit être chose sacrée pour vous. » Je m'adresse à vous pour la faire valoir. S'ils ne doivent pas y compter, Monsieur, » veuillez m'annoncer leur sort. » Cette lettre resta sans réponse.   (*N. de la R.*)

(1) M. Théodore Muret, dans son excellente *Histoire des guerres de l'Ouest*, cite notamment Mmes Humphry, Hémon, Kerdu, Brunet, Guillevin, Duparc, Le Normand, Glain, Béar, Lauzer et Vial, depuis Mme Saint. Il cite une femme du peuple, nommée Tanguy, qui fit confectionner à ses frais des vêtements pour les prisonniers.   (*N. de la R.*)

teuses. Mais cette faveur nous fut immédiatement retirée, lorsque M. de Sombreuil eut tenté de se suicider. On le faisait sortir de la prison pour manger avec les officiers supérieurs de la garnison, à l'auberge du *Pavillon d'en-haut*, située sur la place d'Auray, et, un jour, au moment de se mettre à table, il s'approcha d'un lit qui se trouvait dans la chambre, y saisit un pistolet et se le tira au front. Mais la balle glissa le long du crâne et ne lui fit qu'une blessure légère. Il fut, à l'instant même, ramené en prison, où je le vis arriver la tête bandée d'un mouchoir teint de sang. Cet événement a été raconté de plusieurs manières. Les uns ont dit qu'il avait trouvé moyen de faire placer des pistolets sous l'oreiller du lit, d'autres ont rapporté qu'ayant vu un officier déposer ses pistolets sur le lit, il avait pris inopinément la résolution d'attenter à ses jours ; je ne sais quelle est la version la plus exacte ; toujours est-il que cette tentative a eu lieu, quoique je l'aie vu démentie quelque part. (¹).

Dès le lendemain, M. de Sombreuil, Mgr de Hercé, évêque de Dol, et quelques autres, furent conduits à Vannes, et ils y furent bientôt suivis d'un nouveau détachement d'environ deux cents prisonniers, extraits aussi de notre prison.

Un ou deux jours après ce départ, on nous rassembla dans la cour et on nous conduisit sous une forte escorte à une demi-lieue d'Auray, sur la route de Lorient. Nous ne savions où l'on nous menait, ni dans quel but nous marchions ainsi. Nous étions sous l'impression d'un vif sentiment de crainte, et notre inquiétude pleine d'angoisses ne prit fin qu'après l'appel général de tous les prisonniers et l'ordre de notre retour en prison. Alors, quoique toujours incertains sur le sort qui nous était réservé, et dans l'igno-

---

(1) Cet acte de désespoir que les paternelles exhortations de l'évêque de Dol ne tardèrent pas à faire regretter à M. de Sombreuil, est une dernière et accablante preuve de la généreuse confiance qu'il avait eue jusque là dans la parole des républicains, confiance qui allait coûter la vie à un grand nombre de ses compagnons d'armes. La mort de M. de Sombreuil fut noble et chrétienne. On voulut le faire agenouiller : « Je m'agenouille » devant Dieu dont j'adore la justice, dit-il, mais je me relève devant vous, misérables » assassins ! » où, suivant une autre version, « je me relève devant vous qui n'êtes que » des hommes. »   (*N. de la R.*)

rance absolue de ce qui se passait à Vannes, où une partie de nos infortunés amis n'existait déjà plus, nous nous abandonnâmes à l'espérance, d'autant plus volontiers que nous venions, nous semblait-il, de nous alarmer en vain.

Mais l'arrêt fatal était prononcé, et, comme je viens de le dire, déjà en pleine exécution à Vannes, où l'héroïque de Sombreuil et le vénérable évêque de Dol étaient tombés les premiers. Notre tour ne se fit pas attendre. Tous ceux qui avaient plus de vingt-un ans furent mis à mort dans l'espace de quelques jours, et il n'y eut de sursis que pour ceux qui n'avaient point encore atteint cet âge (¹).

Je ne dois pas oublier de rapporter ici un fait que je n'ai vu mentionné nulle part, mais qui, pour être peu connu, n'en est pas moins très-positif, c'est que la première commission militaire nommée à Auray refusa formellement d'obéir à l'injonction qu'elle avait reçue de condamner les prisonniers à mort, et qu'elle motiva ce refus sur la capitulation qui leur avait assuré la vie. Ce ne fut que sur les ordres les plus impératifs et les plus menaçants du général Lemoine, qui commandait à Vannes et qui vint en personne à Auray pour les intimer, qu'une nouvelle commission fut organisée, on pourrait dire, le pistolet au poing. Honneur, mille fois honneur aux braves qui surent écouter le cri de leur conscience! J'ai le plus grand regret de n'en point connaître les noms, ni même le numéro de la demi-brigade à laquelle ils appartenaient. Ce fait, au surplus, ne saurait être apocryphe; je le tiens de plusieurs officiers alors en garnison à Auray, et notamment du chef-d'escadron dont le dévouement m'a en définitive conservé l'existence (²).

---

(1) Les termes du sursis s'appliquaient à tous ceux qui avaient émigré avant l'âge de seize ans, ce qui faisait, en effet, à peu près vingt-et-un ans en 1795. Ce sursis fut révoqué au bout de quelques semaines, mais il donna du moins le temps à plusieurs de ceux qui en furent l'objet de s'assurer des moyens d'évasion. Leur nombre s'éleva à peu près à une vingtaine. Nous citerons, entre autres, MM. de Villeneuve de la Roche-Barnaud, de Montbron, de Chaumarcix, d'Autrechaux, de la Villegourio, de Saint-Georges, de Chamillard, du Bouëxic, de la Villéon, de Préfontaine, du Boisberthelot, Marcau de la Bonnetière et Arnaud de Cornulier, père de notre excellent ami, le Vᵗᵉ Victor de Cornulier. M. de Cornulier, blessé d'un coup de feu à la jambe, se sauva de l'hôpital où il avait été transporté. *(N. de la R.)*

(2) Il est très-certain que deux des Commissions nommées par le général Lemoine refusèrent de siéger. La première avait été nommée le 27 juillet, pour juger M. de Sombreuil.

Appelé à mon tour devant la commission militaire et usant du conseil que m'avait donné M. de Sombreuil, je ne déclarai que quinze ans. Mon interrogatoire fut court. On se borna à me demander mon nom, mon âge et le lieu de ma naissance. Considéré comme un enfant, je fus aussitôt reconduit en prison où, sur vingt qui composaient *la journée,* c'était l'expression, quatre autres, n'ayant pas vingt-un ans, rentrèrent aussi, peu d'instants après moi.

L'entassement d'un si grand nombre de prisonniers avait occasionné une maladie épidémique à laquelle plusieurs d'entre eux et plusieurs habitants de la ville succombèrent en peu de temps. Pour en arrêter les progrès, on nous permit de nouveau de respirer l'air de la cour pendant deux heures de la journée, une heure le matin et une heure le soir. Mais, réduit depuis un mois à une insuffisante ration de pain, et sans force pour me promener longtemps dans la cour, je passais, assis à la porte de la geôle, la plus grande partie de ces bonnes heures.

Un jour que je m'étais ainsi placé, un officier de la garnison, M. Regardin, alors lieutenant à la 72e demi-brigade, arriva jusqu'à moi, et, s'arrêtant, demanda à haute voix s'il y avait là quelque Bourguignon. — « Vous en voyez un, » lui répondis-je, en tournant les yeux vers lui, et nous entrâmes aussitôt en conversation.

M. Regardin se trouvait être mon compatriote. Étant de Vezelay, il

Elle se déclara incompétente; son président était le chef de bataillon Laprade. On lui en substitua immédiatement une autre, composée de M. Barbarou, chef du 1er bataillon de la Gironde; Ducarpe, capitaine audit bataillon; Moisset, lieutenant au 8e de ligne; Bouvet, sergent-major, et Cunit, caporal. Elle accepta sa triste mission. — Le 2 août suivant, toutefois, le général Lemoine éprouva un nouveau refus. Ayant nommé deux commissions, l'une d'elles refusa de siéger, et son président, le chef de bataillon Douillard, en donna les motifs dans la lettre suivante : — « Citoyen général, j'aime bien la République; je déteste » les ex-nobles et les Chouans, je les combattrai jusqu'à la mort; mais sur le champ de » bataille j'ai voulu les épargner. *J'ai prononcé avec tous mes camarades les mots* » *de capitulation honorable.* La République ne croit pas devoir reconnaître le vœu de » ses soldats. *Je ne puis plus juger ceux que j'ai absous, le sabre à la main.* » — Il ne fut guère plus facile au général Lemoine de faire exécuter les arrêts de mort qu'il parvint à obtenir. Les chasseurs de la 19e demi-brigade, qui furent les premiers commandés, refusèrent tous. Parmi leurs officiers nous remarquons le nom de Pradal. Il fallut avoir recours à des volontaires parisiens et à des soldats belges pour que le massacre pût avoir lieu. *(N. de la R.)*

avait entendu parler de ma famille, dont l'habitation n'est qu'à trois lieues de cette ville ; et c'en fut assez pour lui inspirer en ma faveur un bien vif intérêt. Touché de ma position et du dénuement absolu dans lequel il me voyait, il me promit de prompts secours, espérant les obtenir facilement de Mme de Talhouët chez qui il était logé. Ah ! certes, rien n'est plus propre que le malheur et une affliction profonde pour ouvrir l'âme à la commisération, et Mme de Talhouët, toujours bonne, toujours bienfaisante, était de plus épouse et mère désolée. Son mari avait été tué à Quiberon, et son fils, prisonnier avec nous, venait d'être fusillé sous ses yeux (¹). M. Regardin la trouva donc tout empressée à fournir aux soulagements de toute nature dont j'avais si grand besoin, et nourriture, linge, matelas, tout me fut envoyé par elle dès le soir même.

Cependant, le sursis provisoirement accordé aux plus jeunes venait d'expirer. Les cannibales avaient expédié l'ordre de tout égorger, tout, jusqu'aux malheureux domestiques !

Cette accablante nouvelle n'ayant point encore pénétré dans la prison, chacun se coucha et s'endormit dans la plus profonde sécurité ; mais que le réveil fut affreux !...

En un moment la terreur succéda à une trompeuse et trop confiante espérance, ainsi qu'aux jeux innocents et bruyants auxquels nous nous livrions, tant pour nous distraire du passé que pour nous étourdir sur l'avenir.

A une heure inaccoutumée, vers six heures du matin, le bruit sinistre des clés et des verroux se fit entendre. Le geôlier, suivi de plusieurs gendarmes, s'avança dans notre chambre, et, de sa voix retentissante : — « Allons, nous dit-il, voyons, douze hommes de bonne volonté pour aller à la Commission, et dépêchons ! » — Ce

---

(1) Mlle de Talhouët, jeune personne de seize ans et des plus charmantes, sollicita vainement la grâce de son infortuné frère ; ses instantes prières furent repoussées. Mlle de Talhouët a épousé M. de la Gournerie, qui habite Nantes ou les environs de cette ville. Bien que toute relation ait cessé entre sa famille et moi, je ne lui conserverai pas moins, toute ma vie, la plus vive et la plus tendre reconnaissance, et chaque jour j'appelle sur chacun des membres de cette excellente famille, toutes les prospérités que le Ciel peut départir ici-bas !

(NOTE DE L'AUTEUR. — Voir ci-après l'*Appendice*).

fut un coup de foudre. Cependant, quelques-uns de mes camarades marchèrent spontanément, d'autres ne prirent leur parti qu'après un peu d'hésitation, et les plus irrésolus, se souvenant que la Commission m'avait déjà traité comme un enfant, se persuadant aussi qu'elle ne pouvait point me considérer autrement, m'engagèrent à m'y rendre. Ils espéraient, d'ailleurs, qu'à mon retour, je leur apprendrais le motif, hélas! déjà trop certain, de cette nouvelle et subite comparution. — « Eh bien! leur dis-je, autant aujourd'hui que demain! » — Et je descendis aussitôt. Mais déjà onze m'avaient précédé et se trouvaient dans la cour au milieu de l'escorte. J'allais y entrer et faire le douzième, quand le jeune Sevestre, de *Loyal-Émigrant,* et de la même compagnie que moi, sortant précipitamment de chez le geôlier, m'arrête et me supplie de le laisser passer (¹). — « Il n'en faut plus qu'un, me dit-il, je t'en prie, permets que ce » soit moi. » — « Mon Dieu, lui répondis-je, je ne suis point pressé, » j'allais, poussé par le désir que m'en ont témoigné nos amis, et » c'est sans regret que je te cède la place. » — Le nombre demandé se trouvant alors complet, l'escorte se mit en marche avec sa proie, et je remontai à la chambre. Hélas! c'en était fait, et je subissais le sort de ces douze infortunés, si la main de la Providence ne m'eut retenu sur le bord de l'abîme!

En effet, une heure après ce départ, M. Regardin arrive à la prison, et, obtenant de me parler en particulier, il eut avec moi cet entretien : — « Mon bon ami, me dit-il, votre situation s'est déjà » bien améliorée, et c'est à moi que vous le devez. Je ne viens pas » m'en prévaloir ; je ne vous le rappelle que pour mieux vous faire » comprendre le tendre intérêt que je vous porte, et réclamer en » échange toute votre confiance. Combien je suis heureux de vous » retrouver ! Je tremblais que vous ne fussiez déjà parti. Mais, dites- » moi, êtes-vous émigré? » — « Oui, Monsieur. » — « Avez-vous » porté les armes? » — « Oui, toujours, depuis ma sortie de » France. » — « Quel âge avez-vous donc? » — « J'ai dix-neuf » ans, mais je ne m'en suis donné que quinze devant la Commission. »

<hr>

(¹) Pierre Sevestre, étudiant, du département du Calvados.   （*N. de la R.*)

— « Oh! malheureux! c'est encore trop; vous êtes fusillé si vous
» vous en donnez quatorze! » — « Eh bien! que voulez-vous que
» je fasse? Ils ont mon premier interrogatoire, je n'y puis rien
» changer. » — « N'importe, il faut risquer le tout pour le tout, ne
» vous donnez pas quatorze ans, ou rien ne peut vous sauver. » —
Je le promis, mon bienfaiteur me serra étroitement la main, et se
retira les yeux pleins de larmes.

Chaque jour le nombre des prisonniers diminuait de quarante. La
Commission en faisait appeler vingt le matin et vingt le soir. Aucun
ne reparaissait. Oh! qui pourrait dire les déchirants adieux qui,
tous les jours, se renouvelaient périodiquement, au moment de la
séparation! Et qu'il est touchant, qu'il est imposant, le spectacle
de la douleur vaincue ou comprimée au moins par le courage et
par une pieuse résignation!

Cependant, j'entretenais au fond de mon cœur un faible rayon
d'espoir, et je préparais ma défense, en attendant le jour de com-
paraître. C'est le 29 août, à deux heures après midi, que je fus
appelé. Des vingt malheureux qui composaient ce transport, seize
étaient déjà condamnés quand mon nom se fit entendre. Je m'a-
vance... je suis devant le tribunal de sang... Voici mon interrogatoire.

« Votre nom? » — « Claude Berthier de Grandry. » — « Votre
» âge? » — « Quatorze ans moins trois mois. » — « Votre pays? » —
« Châtel-Censoir, département de l'Yonne. » — Êtes-vous émigré?»
— « Non. » — « Comment êtes-vous ici au nombre des prison-
» niers? » — « Je suis sorti de France pour voyager avec mon frère
» aîné, beaucoup plus âgé que moi; nous étions au fond de l'Alle-
» magne quand nous apprîmes le décret contre les émigrés; nous
» nous mîmes aussitôt en route pour nous rapprocher des frontières
» dans l'intention de rentrer; mais mon frère tomba malade à
» Namur, et, pendant sa longue maladie dont il mourut, les délais
» expirèrent. Resté seul à l'étranger et sans ressources, n'osant
» rentrer en France ni lier correspondance avec ma famille, et
» sachant que l'Angleterre accordait des secours aux vieillards et
» aux enfants, je réalisai le projet que j'avais conçu de m'y rendre

» et d'y réclamer assistance en raison de mon jeune âge. J'y rece-
» vais une subvention depuis quelque temps, lorsque, peu avant
» l'expédition, une de mes connaissances qui y était attachée en qua-
» lité d'employé aux vivres, me proposa de l'accompagner, me pro-
» mettant de me donner le moyen de retourner dans ma famille, dès
» qu'une occasion favorable se présenterait. J'acceptai cette propo-
» sition, et c'est ainsi que je me trouve au nombre des prisonniers. »
— « Avez-vous porté les armes? » — « Non, jamais. »

Ici mon interrogatoire fut un moment suspendu pour être con-
fronté avec celui que j'avais précédemment subi, et le président
poursuivit ainsi : — « Dans votre première déclaration vous avez dit
» avoir quinze ans. Aujourd'hui, vous n'en déclarez pas quatorze,
» d'où vient cette différence? » — « Je n'ai encore rien déclaré, je
» suis interrogé aujourd'hui pour la première fois. » — « Cepen-
» dant, nous lisons ici votre nom et le lieu de votre naissance;
» votre âge seul diffère. » — « Je ne sais si quelque autre prison-
» nier a eu intérêt à substituer mon nom et mon pays aux siens,
» mais il est certain que je n'ai jusqu'à ce jour comparu devant
» aucune commission (¹). Je désirerais voir cet interrogatoire. » —
« Approchez-vous. » — « C'est, en effet, mon nom et le lieu de
» ma naissance, mais ce n'est point mon âge. Cet interrogatoire
» n'est d'ailleurs pas signé et ne peut, ce me semble, être opposé
» à ce que j'avance et soutiens être la vérité. Je n'ai pas quatorze
» ans. » — « Citoyen, retournez à votre place, et soyez assuré qu'on
» fera à votre décharge tout ce qu'il est possible de faire. »

Rendu à ma place, on me donna lecture de ce second interrogatoire, et comme on avait omis d'y insérer ma dernière réponse affirmant que je n'avais point porté les armes, je demandai qu'elle y fût
ajoutée, et on l'y ajouta.

---

(1) Je pouvais le soutenir d'autant plus hardiment et sans crainte d'être contredit, que
la commission actuelle n'était point celle qui m'avait fait subir mon premier interrogatoire. Il y eut quatre commissions successivement nommées : la première qui refusa de
condamner, la seconde et la troisième qui jugèrent à mort les prisonniers ayant plus de
vingt-et-un ans, et la quatrième, celle devant laquelle je me trouvais, nommée pour juger
ceux à qui leur jeunesse avait fait accorder un sursis.

(NOTE DE L'AUTEUR).

Mais l'espérance qui avait jailli des paroles en apparence affectueuses du président ne fut pas de longue durée ; les cinq membres de la Commission délibérèrent un instant et prononcèrent ma condamnation à mort.

Je fus aussitôt reconduit dans l'étroit et long couloir où nous avions été déposés en arrivant. J'y fus placé dans la partie réservée aux condamnés qui, séparés par quatre factionnaires de ceux qui ne l'étaient pas encore, ne pouvaient plus communiquer avec eux. Informés que les prisonniers jugés le soir étaient souvent renfermés toute la nuit dans une ancienne chapelle, d'où on ne les retirait qu'au point du jour, nous demandâmes aux factionnaires s'ils savaient que nous dussions y être menés. — « Non, répondirent-ils, » en versant des larmes, non, la fatale escorte est en bas et vous » attend. »

Ces soldats, qui peut-être faisaient eux-mêmes partie de cette fatale escorte, nous témoignaient la plus vive commisération et toute l'horreur qu'ils éprouvaient d'être chargés de ces barbares exécutions. Quant à nous, pleins d'une résignation religieuse et calme, nous étions tous à genoux et priant (¹). Un seul, un de mes compatriotes et de mes meilleurs amis, se livrait immodérément à sa douleur ; nous l'exhortions, nous l'encouragions, et il nous répondait : — « Je pense à ma bonne mère et à ma sœur, c'est sur elles » que je pleure plus que sur moi-même. » — Ah ! qui de nous, reportant sa pensée vers ce qu'il avait de plus cher, qui de nous, en ce terrible moment, pouvait n'être pas déchiré par de semblables regrets ! Toutefois, nos instances triomphèrent, et l'infortuné, par un effort surnaturel, reprit toute sa fermeté qui ne l'abandonna plus.

Un homme et sa femme, probablement gardiens du local où nous

(1) « La piété profonde dont quelques vieux gentilshommes donnèrent l'exemple, raconte M. Aurélien de Courson, ne tarda pas à remplir tous les cœurs. Le comte de Soulanges, ancien chef d'escadre, et le comte de Kergariou-Locmaria, capitaine de vaisseau, dirigeaient les pieux exercices de préparation à la mort. On leur avait offert de la paille pour se coucher ; ils la refusèrent. — « Nous n'avons besoin, dirent-ils, que d'un peu de lumière pour prier. » *Correspondant*, t. XV, p. 870.

(N. de la R.)

nous trouvions, habitaient une chambre a l'extrémité du couloir (¹).
Ils en sortirent peu avant notre départ, et vinrent nous supplier de
leur donner ce que nous possédions encore. — « Nous sommes
» pauvres, nous disaient-ils, nous gémissons sur votre sort; ne
» vaut-il pas mieux que ce soit nous qui profitions de vos dépouilles
» plutôt que vos bourreaux? Nous, du moins, nous prierons pour
» vous. » — La plupart, en effet, leur donnèrent tout ce qu'ils
avaient; mais le jeune de Cazau, comme moi des environs d'Auxerre,
et près duquel je me trouvais placé, espérant encore, quand tout
espoir était perdu, que je pourrais être sauvé, au lieu d'offrir à ces
quêteurs le seul double louis qui lui restait, eut l'idée de me le
remettre. — « Tiens, me dit-il, cet argent sera mieux entre tes
mains qu'en aucune autre, ils ne te fusilleront pas, toi ! oh ! non,
c'est impossible ! » — Et j'acceptai ce don machinalement, sans en
concevoir plus d'espérance.

Enfin, l'heure suprême a sonné. Les vingt condamnés sont atta-
chés deux à deux (²), on les fait descendre, on les range au milieu
de l'escorte, et on marche dans un lugubre silence vers le lieu
du supplice, où tant de victimes déjà se trouvaient englouties (³).

(1) La commission militaire tenait ses séances dans une grande salle pratiquée au-dessous
de la toiture des halles de la ville. On y arrivait par un escalier de bois. Le couloir où nous
étions aboutissait, d'un côté, à cette salle, et de l'autre, à la chambre de ces pauvres gens.
(Note de l'auteur.)

(2) Cette mesure était prise depuis que quelques infortunés que la fusillade n'avait point
atteints, ou qui n'avaient été que légèrement blessés, avaient tenté de se soustraire aux
massacres. (Note de l'auteur.)

(3) Petit pré, nommé depuis, *pré des Martyrs*, situé à une demi-lieue d'Auray, derrière
la Chartreuse, entre le chemin de Pluvigner et un petit bras du Morbihan. Vis-à vis ce pré,
à quelques centaines de pas de l'autre bord, est la campagne de Kerso, appartenant aux
dames Lauzer. Ces dames avaient l'admirable courage de guetter l'heure de ces atroces
exécutions. Elles se cachaient alors dans un fossé ou derrière des arbres, et attendaient,
luttant contre l'horreur que leur inspirait cet effroyable carnage, que quelque malheureux
s'échappât et parvint à gagner à la nage une rive hospitalière. Dévouement sublime et au-
dessus de tout éloge ! Hélas! leur généreuse espérance ne fut point réalisée. Du très-petit
nombre de ceux qui, restés debout au moment des premières fusillades, essayaient de fuir,
aucun, que je sache, ne réussit à éviter la mort. L'un d'eux, la mer étant basse, enfonça dans
la vase avant d'atteindre l'eau, et il y fut cruellement assassiné par le sabre d'un impitoyable
gendarme.

Mᶫᶫᵉˢ Lauzer, à leur grand péril, ont rendu d'ailleurs d'éminents services à plusieurs pri-

C'est non loin de ce funeste lieu qu'un homme, ou plutôt un ange, revêtu d'un uniforme militaire, se faisant jour à travers la garde, vint me saisir au bras, et tranchant le lien qui me retenait à mon infortuné camarade (un jeune Le Prince, volontaire aussi de *Loyal-Émigrant,* et moins âgé que moi d'un an (¹)), me retira soudain du rang des victimes, et me remit aux mains de deux gendarmes avec ordre de me reconduire en prison. Mon malheureux compagnon fit un mouvement pour me suivre, mais on le repoussa en lui disant tristement : « Non, il n'y a que lui. »

Mon libérateur disparut à l'instant même et s'est, jusqu'à présent, soustrait à l'explosion de ma reconnaissance. Ce n'était pas, sans doute, M. Regardin, car, malgré le trouble où me jetait cette subite délivrance, je l'aurais certainement reconnu. D'ailleurs lui-même, depuis, m'a plusieurs fois affirmé que ce n'était pas lui, et m'a assuré qu'il ignorait absolument quel était celui qui m'avait si miraculeusement sauvé la vie (²).

Ce qui est certain, c'est que le militaire inconnu à qui je la dois,

sonniers évadés de la prison ou de l'hôpital. C'est à leurs soins infatigables et à ceux de Mlle Béard et de Mlle Vial, aujourd'hui Mme Saint, que MM. de Montbron et le Vicomte durent la vie et la liberté. Mlle Duparc, avec un semblable zèle, a favorisé l'évasion de M. de Villeneuve, dont les deux frères n'eurent pas le même bonheur ; et Mlle de Kerdu, dans le but de sauver M. de Chaumareix, se rendit à Vannes lorsqu'il y fut transféré, et, à force d'intrépides démarches, parvint enfin à l'arracher des prisons de cette ville. Je dois encore citer Mme de Gouvello, dont la belle habitation, dite de Kerentré, sise à trois lieues d'Auray, sur le bord du Morbihan, offrait un asile assuré à tous les fugitifs qui pouvaient s'y réfugier. Après les jours de repos qui leur étaient nécessaires, ils y trouvaient en outre des guides pour les mener, à travers les postes républicains, jusqu'au point de la côte, où une chaloupe les attendait, les recevait et les conduisait à l'escadre anglaise. Je me plais à retracer les noms de ces femmes généreuses, je voudrais les buriner en lettres d'or, en caractères indestructibles. Certes, il n'est pas d'honnête homme, quelle que soit son opinion politique, dont le cœur ne soit pas doucement et profondément ému au récit d'un dévouement si noble, si courageux et si désintéressé. (Note de l'auteur.)

(1) Simon Le Prince appartenait à une très-honorable famille de Dieppe, qui y est aujourd'hui encore dignement représentée par son frère, M. Armand Le Prince. Un autre de ses frères, Achille Le Prince, capitaine d'infanterie, a disparu en 1812 dans la désastreuse retraite de Moscou. (N. de la R.)

(2) Un an après mon retour de ma seconde émigration, en 1802, je retrouvai à Turin la 72e demi-brigade. J'y ai revu les officiers qui avaient composé la commission militaire d'Auray, et mes pressantes questions sur ce point, que j'avais tant à cœur d'éclaircir, ont été inutiles. (Note de l'auteur.)

avait nécessairement assez d'autorité sur l'escorte pour qu'elle consentît à me laisser échapper sans opposition, et il en avait assez sur les gendarmes pour déterminer leur obéissance. Cette réflexion m'a fait penser longtemps que si ce n'était pas M. Regardin, ce pouvait être un officier de la Commission, nommé Ledoux, en qui j'ai reconnu, plus tard, beaucoup de bienveillance. Mais quel qu'il soit, cet homme sauveur, quelque pays qu'il habite, ma reconnaissance s'attache à ses pas, elle le suivra partout, au-delà même du tombeau.

Pourrai-je bien dire quel fut l'état de mon âme dans ce moment inespéré, quelle fut la transition de mes idées et de mes sentiments?..... Totalement absorbé dans les pensées d'un chrétien dont le trépas est imminent et inévitable, tous mes sacrifices étaient faits. Je n'appartenais plus à cette terre, alors, plus que jamais, remplie de larmes. Déjà, je contemplais la céleste patrie où m'appelaient tant de martyrs de la fidélité, dont quelques pas seulement, quelques fugitives et rapides secondes me séparaient encore. Et cependant je demeurai comme impassible à la vue d'un miracle, dont seul, tout seul, j'étais l'objet. Je ne sais si je comprenais bien ce qui m'arrivait, mais nulle impression de joie ne vint pénétrer mon cœur. O mes amis! ô mes bons et braves compagnons d'armes et d'infortune! dans ce cœur tout flétri, il n'y avait place encore que pour la douleur et les regrets.

Je suivis mes deux guides. Je les suivais tristement, et je le dis avec vérité, plus profondément affecté que je ne l'étais en marchant à la mort. Je les suivais, quand tout-à-coup une sourde et sinistre détonation me fit tressaillir d'horreur.... Mes camarades! mes amis! hélas! je les quittais à peine, et déjà ils n'étaient plus!... Le plomb fatal venait de les étendre dans une mare de sang!...

C'est sous le poids, sous les étreintes de cette affreuse impression, que j'arrivai aux portes de cette prison naguère si remplie, si bruyante, et en ce moment presque déserte et silencieuse. Je m'y précipitai, car j'éprouvais le besoin de me replonger dans cette atmosphère du malheur pour y respirer un air qui convînt plus à la situation de mon âme. J'avais besoin, dans l'extrême émotion qui m'agitait, de pouvoir verser toutes mes larmes avec les quelques victimes qui s'y trouvaient encore, restes infortunés, destinés à être la proie du lendemain.

Cette douloureuse consolation m'est refusée. Il ne m'est permis de rentrer dans la chambre que j'occupais que pour en retirer le peu de vêtements ou plutôt de haillons que j'y avais laissés. Dès que j'y eus pénétré, ce fut une exclamation de joie de tous mes pauvres amis. Ils m'entouraient, me félicitaient, me pressaient de questions. Chacun m'adressait la sienne et semblait s'oublier pour me témoigner sa satisfaction de me revoir. Mais, hélas! on ne me laisse pas le temps de répondre à ce touchant et déchirant intérêt. Je ne puis leur jeter à la hâte que ce peu de mots : — « Je ne suis ici, sans » doute, que parce que je n'ai pas quatorze ans ; du reste, je ne sais » rien de ce qui m'attend. » — Et le geôlier m'entraînant : — « Adieu, » m'écriai-je, adieu mes amis, adieu ! »

Mais quel ne fut pas mon désespoir quand je me vis poussé et renfermé dans un cachot presque entièrement privé de jour, et plus infect par l'épouvantable corruption de huit ou dix brigands qui y étaient détenus, que par les miasmes pestilentiels qui s'en exhalaient. A peine suis-je refoulé dans ce repaire immonde que ces forcenés s'acharnent sur moi, ils m'obsèdent de leurs lazzis, de leurs dégoûtantes moqueries. Ils m'obligent à payer ma bienvenue, ils chantent, ils boivent ; chacun me passe son verre sous le nez et veut en vain me contraindre à boire avec lui. Ils me font balayer leurs ordures, vider le baquet de leurs immondices. Ils me harcèlent, ils m'insultent de toutes manières. Jamais, non jamais, je n'avais été si malheureux. Et il eût certainement été impossible de l'être plus. — O mon Dieu ! pensai-je en moi-même, à quel terrible sort m'avez-vous réservé? Tout-à-l'heure j'étais si près de vous ; pourquoi m'avez-vous rejeté? — Je passai ainsi trois jours éternels et quatre interminables nuits dans une désolation, dans un découragement, dans une souffrance morale que nulle expression ne peut rendre, dont rien ne m'annonçait le terme, et plus horrible mille fois que le supplice et tous ses apprêts.

Je fus pourtant retiré de cette bauge infernale, et on me plaça dans une chambre où étaient encore, pour quelques jours , six de mes camarades auxquels un nouveau sursis avait été accordé, jusqu'à nouvel ordre ou jusqu'à ce qu'on eût vérifié leurs déclarations. Ils avaient dit avoir été faits prisonniers , les uns aux Antilles, les autres en différents combats, et ils avaient soutenu qu'ils avaient été contraints par les Anglais à faire partie de l'expédition.

Dans une grande adversité, le moindre soulagement à nos maux devient un bien suprême, et le moment où ma poitrine put aspirer un air salubre, où je me retrouvai avec des êtres malheureux du même malheur que moi, dont tous les principes, dont tous les sentiments de l'âme étaient en parfaite harmonie avec les miens, ce moment-là, dis-je, fut pour moi un véritable bonheur, pour ainsi dire, une délivrance.

Je goûtais donc avec délices ma nouvelle situation, et cependant j'étais loin d'être sauvé. La mort m'entourait toujours de ses voiles sanglants ; le glaive des bourreaux, toujours suspendu sur ma tête, menaçait incessamment de me frapper ; mais la Providence veillait sur moi, et elle avait préparé déjà un nouvel enchaînement de circonstances auxquelles je dus enfin mon salut.

Le général Botta, général républicain, avait eu la jambe emportée à la prise du fort Penthièvre, et s'était fait transporter à Auray. Peu de jours avant de mourir de cette blessure, il apprit que M. le chevalier de Chenu, ancien officier au régiment de.... ('), et qu'il avait particulièrement connu à la Martinique, se trouvait au nombre des prisonniers. Il le recommanda à M. Bosquet, receveur de l'enregistrement. M. Bosquet, le plus excellent des hommes, et de la bienveillance duquel j'ai tant à me louer, s'efforça vainement de lui être utile, il ne put que contribuer à lui obtenir un sursis de quelques jours. M. de Chenu, bientôt informé que l'ordre de le mettre à mort était arrivé, fit appeler M. Bosquet et, après lui avoir exprimé toute sa reconnaissance pour ses bons offices : — « Vous ne pouvez plus rien » pour moi, ajouta-t-il, je connais mon sort. » — Puis, me prenant la main, et me présentant à son protecteur affligé : — « Veuillez,

<hr>

(1) M. de Chenu était capitaine au régiment de Normandie.   (*N. de la R.*)

» lui dit-il, veuillez reverser sur mon jeune compatriote (il était
» d'Auxerre), votre obligeance et votre intérêt ; peut-être, serez
» vous plus heureux. » Trait admirable d'abnégation, de courage,
de bonté et de résignation. Comme il exprime bien tous les sentiments, tous les mouvements d'un noble cœur, les habitudes élevées
d'une belle âme ! O mon brave et digne camarade ! votre nom n'est
pas oublié sur la terre. L'ami, le seul ami peut-être que vous y ayez
laissé, l'y prononce chaque jour avec vénération et reconnaissance ;
et jusqu'au dernier souffle de cette vie que vous avez tant contribué
à lui conserver, il honorera, il bénira et chérira votre mémoire.

Ceci se passait dans les premiers jours de notre captivité ; mais
alors, M. Bosquet ne pouvait que m'assurer de sa bienveillance, il
n'était pas en son pouvoir de me servir immédiatement, tout disposé qu'il fût à le faire, si l'occasion, ce qui était peu probable,
s'en présentait. Elle arriva cependant, et il ne la laissa point
échapper.

Il ne tarda pas à apprendre que j'avais été retiré du rang des
victimes, et il conçut, dès lors, le projet de travailler à mon
entière libération. M. Bosquet était républicain, mais il avait l'âme
française, généreuse et pleine de sensibilité.

Dès le lendemain de mon extraction du cachot à laquelle, sans
doute, il avait participé, il vint avec la permission du commandant
de place me visiter à la prison. Je ne l'avais pas vu, je n'en avais
point entendu parler depuis que l'infortuné Chenu m'avait recom-
mandé à ses bontés, desquelles je n'espérais plus rien, et cette
visite me causa un plaisir ineffable. Après m'avoir remis quelques
livres et s'être entretenu un moment avec moi, il me demanda subitement, comme par inspiration, si je serais bien aise de venir dîner
chez lui. L'expression de mon regard tout surpris et radieux lui dit
assez quelle satisfaction j'en éprouverais, et, sans attendre ma
réponse, il me quitta pour aller en solliciter l'autorisation. Il l'obtint, en effet, sous sa responsabilité, et revint me chercher avec un
joyeux empressement.

Ce n'était malheureusement encore qu'un simulacre de liberté.
Mais, néanmoins, j'avais peine à contenir en moi l'immense bien-

être dont il me pénétrait, et je m'abandonnais sans réserve à la joie, au bonheur, à l'inexprimable volupté de respirer à l'aise, sous un toit ami et hospitalier, loin des lugubres verroux. Quoique toujours courbé sous le terrible arrêt, j'oubliai, ce jour-là, et ma position si précaire et les épreuves si pleines d'angoisses que je venais de traverser. J'oubliai toutes mes douleurs, toutes mes alarmes, dans les embrassements, les caresses, les tendres prévenances de Mme Bosquet, de ses enfants, et d'une partie des bons habitants d'Auray, qui me visitaient et me comblaient à l'envi des témoignages de leur bienveillance.

C'était un dimanche, le 6 septembre. Nous dînâmes en famille, avec M. Guérin, frère de Mme Bosquet, chef d'escadron, commandant inspecteur des côtes de Quiberon. Ce brave officier, dont le cœur n'était ni moins bon, ni moins sensible que celui de son beau-frère, partageait vivement l'intérêt que chacun me témoignait, et plus d'une fois ses yeux se remplirent de larmes en me voyant goûter sans appréhension un bonheur qui, d'un instant à l'autre, pouvait être si tragiquement anéanti (¹).

L'après-midi, j'allai me promener au Plessis-Ker, à environ trois quarts de lieue de la ville, accompagné seulement du fils aîné de M. Bosquet, qui n'avait pas encore seize ans. L'aspect de la campagne, la solitude d'un bois charmant à l'ombre duquel nous nous assîmes, la faiblesse de mon jeune guide, et, d'un autre côté, l'image qui me revenait des fers que je devais reprendre dans quelques heures, tout cela joint à l'incertitude du sort qui m'était réservé me conviait secrètement, me sollicitait à m'évader, à profiter d'une occasion si favorable, que probablement je ne retrouverais plus. Nul obstacle ne s'y opposait. J'étais bien sûr, dans ce pays monarchique et religieux, de trouver asile, protection, secours, partout où je me serais présenté. J'avais le droit certainement de

(1) Les deux familles Bosquet et Guérin sont aujourd'hui représentées par M. Bosquet, ancien colonel de la garde, et par Mmes Guérin, Maugars, Auger et Delaselle, qui habitent Nantes. Mme Delaselle, née Guérin, et son mari, le brave commandant Delaselle, récemment mort à Sétif, étaient du nombre de ces amis, que M. de Grandry aimait à appeler ses *enfants*.

(N. de la R.)

mettre fin à mes perplexités, de me soustraire à l'atroce violation de la foi sur laquelle nous avions posé les armes, j'en avais le droit, et je n'était lié d'ailleurs par aucun serment, par aucune promesse. Mais plus la tentation était insidieuse et pressante, plus aussi le sentiment qui s'élevait en moi pour la combattre et la repousser devenait vif et impérieux. Un homme de bien, je ne l'oubliais pas, venait d'engager sa responsabilité. Pouvais-je, sans crime, abuser de sa confiance toute paternelle? Oh! non, et je reculai devant l'affreuse pensée de le compromettre, lui et les siens. Toutefois, il était temps peut-être de couper court à une si dangereuse épreuve; je n'avais pu dissimuler entièrement mon agitation, et mon guide, probablement, en avait soupçonné la cause; je crus du moins remarquer quelque inquiétude dans la proposition qu'il me fit de revenir. Je le suivis à l'instant, nous marchâmes vite, et nous rentrâmes bientôt ch z lui.

M. Guérin, qui savait mieux que moi tous les dangers de ma position, s'en tourmentait incessamment. A mon retour, il invita sa sœur à me faire reconduire de bonne heure à la prison, afin que mon exactitude, disait-il, fût un titre pour m'obtenir une autre fois la même faveur. Ainsi, il fallut me séparer de mes nouveaux amis. Je les embrassai tendrement, et je regagnai, le cœur serré, ce séjour d'anxiété et de douleur, où l'espérance a tant de peine à pénétrer. Ces portes qui se referment sur moi, quand se rouvriront-elles? et quand elles se rouvriront, dans quelle voie serai-je placé? celle du salut ou de la mort? Recommencerai-je jamais cette belle journée que je viens de passer, et qui s'est si rapidement écoulée? Hélas! des sept infortunés à qui la mort a jusqu'ici fait trève, qu'elle regrette et convoite toujours, en laissera-t-elle échapper un seul?

Cependant, M. Guérin prend congé de sa sœur; il se retire chez lui, l'âme navrée, le cœur tout agité du désir de m'arracher à l'horrible gouffre, toujours ouvert sous mes pas, où le moindre souffle peut me précipiter à jamais. Il prévoit, il sait peut-être qu'il n'y a pas un instant à perdre, que le plus petit retard peut me devenir fatal. Mais, mon Dieu! quel moyen emploiera-t-il? Il se fatigue l'esprit à le chercher, aucun ne se présente, aucun ne lui apparaît.— La nuit arrive ; en vain il essaye de prendre quelque repos, une seule pensée l'occupe et le torture. Tout à coup, il se lève, il s'habille à la hâte, il court chez le président de la commission, l'éveille, et lui expose, tout d'abord, avec la franchise d'un soldat, le noble but de sa démarche ; il lui demande ma liberté, il y met toute la chaleur du plus vif intérêt, il le prie, le conjure, le touche enfin, et obtient une réponse favorable. Ce succès le comble de joie, et pourtant rien n'est encore assuré, car, seul, le président ne peut rien, absolument rien. — Il faut l'assentiment des quatre autres membres, dont deux officiers, et deux sous-officiers. — On se transporte aussitôt chez chacun d'eux ; ceux-ci consentent, ceux-là refusent. Que faire ? Il y avait peut-être péril à reculer, peut-être plus encore à insister. Mais M. Guérin ne pense point au péril et ne perd pas l'espérance ; plus l'obstacle est grave, plus son zèle et son dévouement s'exaltent. Il supplie le président de réunir la commission, et l'ordre en est immédiatement donné. Mon brave ami s'y trouve. C'est lui qui plaide ma cause ; son éloquence est toute de sentiment, et pour qu'elle produise sur les deux rebelles tout l'effet qu'il désire, il l'accompagne de libations abondantes de rhum, de punch, de café. Il enlève enfin un consentement unanime, il a entre les mains la pièce libératrice.

Tout hors de lui, M. Guérin vole chez sa sœur, lui fait part de son bonheur, et, par une délicatesse bien touchante, lui réserve le plaisir de m'annoncer le mien. Il accourt à la prison. Je dormais. Il me fait appeler et se présente à moi sous les apparences d'un calme parfait. Puis, me demandant négligemment si je m'étais bien trouvé de la journée de la veille, il me propose de la recommencer. J'avais peine à comprendre, j'hésitais, je craignais d'abuser.— « Non, non, me dit-il dans sa vive impatience, ne craignez rien. Cela me regarde. Partons. » — Nous partons, en effet, nous arrivons chez sa sœur. O Dieu ! quel moment ! Je la trouve, ivre de joie, s'élançant les bras tendus vers moi, et faisant retentir ces paroles, si pleines de charme aux oreilles d'un captif : — « Venez, mon ami, venez, venez, vous êtes libre ! » — Paroles ineffables, que je crois entendre encore, et dont le souvenir pénètre mon cœur des sentiments les plus doux, de la plus tendre et la plus vive reconnaissance.

Ainsi que l'avait trop bien prévu M. Guérin, il n'y avait pas un instant à perdre. — Quatre jours après ma délivrance, le général Lemoine, commandant du Morbihan, fit évacuer les prisons d'Auray, et les six jeunes infortunés qui y étaient encore, avec lesquels j'avais passé les derniers instants de ma captivité, conduits jusqu'aux portes de Vannes, y furent arrêtés, et incontinent fusillés. Je me trouvais inévitablement compris dans cette féroce et exécrable exécution, si un envoyé du Ciel, si M. Guérin ne s'était hâté de m'y soustraire. C'était la troisième fois dans l'espace de deux semaines que j'échappais, comme par miracle, à nos farouches assassins qui, baignés dans le sang, semblaient chaque jour en devenir plus avides.

Comment s'est-il fait que le général Lemoine, impitoyable exécuteur d'ordres sans doute émanés de plus haut, qui eut certainement connaissance de mon élargissement, m'en ait laissé jouir tranquillement et sans opposition? Je l'ignore, et ne puis l'attribuer qu'aux sollicitations, aux actives démarches de M. Guérin, à son influence et à celle peut-être de quelques-uns de ses amis qu'il avait intéressés à ma position. Tout ce que je sais, c'est que M. Guérin prit grand soin de me faire éviter la rencontre de ce général quand deux fois l'occasion s'en présenta.

Mais la liberté qui m'était rendue et dont, grâce à mon jeune âge, je savourais les douceurs sans nul souci, était encore, cependant, on ne peut plus précaire. La pièce au moyen de laquelle on me l'avait procurée, cette pièce qui n'était qu'un simple ordre au geôlier de m'ouvrir les portes de la prison, était irrégulière et dépourvue de motifs. Elle ne m'acquittait point, elle n'effaçait pas mon nom de la fatale liste des émigrés, elle laissait subsister l'arrêt de mort qui venait d'être prononcé contre moi (¹); elle ne me rétablissait pas dans la condition de citoyen, et ne me rendait pas la faculté de

---

(1) Cet arrêt de mort fut trouvé, quelque temps après ma mise en liberté, dans les papiers de la commission remis au district. M. Bosquet en reçut l'avis officieux de M. Boulay, un des administrateurs, qui le fit obligeamment disparaître.

(Note de l'auteur).

rentrer au sein de ma famille, sans y être de nouveau saisi, jugé et condamné. Recueilli chez M. et madame Bosquet, en qui je retrouvais tous les soins, toute la tendresse d'un père et d'une mère, tandis que leurs enfants me comblaient de toutes les prévenances qu'une amitié fraternelle peut inspirer, entouré d'ailleurs de témoignages d'une bonté infinie par tous les habitants d'Auray, je coulais des jours délicieux et exempts d'inquiétude, lorsqu'une circonstance qui pouvait m'être bien funeste vint inopinément réveiller en moi le sentiment de tous les dangers que je courais encore.

Il existait à Châtel-Censoir une famille autrefois aimée de la mienne, mais que la Révolution en avait rendue l'infatigable persécutrice, qui avait fait incarcérer mon père, ma mère, mon jeune frère, et avait poursuivi, heureusement en vain, mais avec acharnement, la condamnation du premier comme fauteur de l'émigration de ses deux fils aînés, comme traître à la patrie, correspondant à l'étranger, etc., etc.

Un des membres de cette famille, le sieur T. ... V....., qui, ainsi que son père et son frère, avait été garde du corps du Roi, se trouvait être alors commissaire du pouvoir exécutif. Informé de mon élargissement cinq ou six semaines après qu'il eut eu lieu, il s'empressa de lancer un réquisitoire qu'il adressa à son collègue d'Auray, à l'effet de me faire arrêter et traduire en justice comme émigré, s'étonnant que j'eusse pu échapper à la vengeance des lois et donnant au surplus tous les renseignements propres à motiver un jugement à mort. Mais ce fut en vain. J'étais décidément sous la garde de la Providence, et, dès lors, la haine de cet ennemi, ses odieuses poursuites, ne pouvaient que tourner à mon avantage. C'est aussi ce qui arriva.

Le commissaire du pouvoir exécutif d'Auray était, lui, un brave et honnête homme, très-lié avec mes bienfaiteurs. Je le voyais journellement et il me faisait amitié. Aussitôt qu'il eut reçu cette infâme dénonciation, il en prévint MM. Bosquet et Guérin, qui s'en alarmèrent au premier instant, n'ayant aucun titre qui pût justifier de mon acquittement. Par bonheur, la 72ᵉ demi-brigade, et avec elle, les membres de la commission militaire se trouvaient encore à Auray, et, comme j'avais eu assez souvent l'occasion de les rencontrer dans le monde, ils n'étaient pas restés indifférents à la bienveillance générale dont j'étais devenu l'objet. Mes excellents amis, profitant de cette bonne disposition, eurent l'heureuse pensée de recourir à eux, car eux seuls pouvaient me tirer de ce mauvais pas. — Ils consentirent à tout et délivrèrent un jugement antidaté qui m'acquittait complétement (1). Muni de cette pièce, M. Guérin se rendit immédiatement à Vannes près le commissaire du pouvoir exécutif du département, à qui le sieur T....... V......., avait également adressé une dénonciation, et il arrangea si bien les choses qu'on répondit au vil dénonciateur : que j'étais parfaitement en règle, pleinement acquitté par la commission militaire, et en liberté à Auray, où j'habitais chez de très-bons patriotes.

Ainsi finirent provisoirement mes anxiétés, car, en révolution, rien n'est définitif. — N'étant plus inquiété, je demeurai deux ans chez mes chers protecteurs, comptant au nombre de leurs enfants bien-aimés, toujours bien vu des habitants de la ville, et particulièrement bien accueilli de la famille de M. Leconte, ancien officier d'infanterie, conseiller au conseil supérieur de Pondichéry, pays

(1) Ce jugement que je conserve avec soin a été rédigé par M. Bosquet et est écrit tout entier de sa main. Il présente la preuve évidente d'une tardive rédaction, en ce que la date y est exprimée deux fois, une en toutes lettres, l'autre en chiffres; celle-ci s'y trouve surchargée chaque fois. Il est très-visible qu'au lieu de *l'an troisième*, on a d'abord écrit, *l'an quatrième*, inadvertance qui ne s'explique que parce que c'est effectivement au commencement de l'an IVᵉ et pour le besoin de la situation, que cette pièce a été formulée. M. Bosquet l'aura, sans doute, écrite précipitamment et d'avance, de manière à n'avoir plus qu'à y faire apposer les signatures des membres de la commission à mesure qu'il les rencontrerait. Cette pièce enfin qui, malgré l'acquittement qu'elle prononce, me laissait toujours sous le coup des lois générales rendues contre les émigrés, et qui n'a servi qu'a écarter le pressant danger auquel m'exposait le réquisitoire du sieur T. ...... V..........., est ainsi conçue :

« QUATRIÈME COMMISSION MILITAIRE ÉTABLIE A AURAY.

» Nous membres composant ladite commission, en vertu de l'ordre donné par le général Lemoine, certifions avoir acquitté et mis en liberté le nommé Claude Berthier, natif de Châtel-Censoir, district d'Avallon, département de l'Yonne, le 21 fructidor, IIIᵉ année républicaine. En foi de quoi nous avons délivré le présent pour servir et valoir ce que de raison. Fait à Auray, le 21 fructidor an IIIᵉ de la République française.

» Les membres composant ladite commission, an IIIᵉ (rectifié). Signé : Lalène, président, Maillet, capitaine, Ledoux, lieutenant, Dumesny, sergent-major, Rouquet, secrétaire. »

(NOTE DE L'AUTEUR.)

qu'il avait longtemps habité et où il s'était marié. M. Leconte était le parent du malheureux général de Sombreuil, qui en reçut, hélas ! durant trop peu de jours, les témoignages d'intérêt et les soins empressés que son horrible situation pouvait permettre de lui offrir.

Un tendre attachement ne tarda pas à me lier plus étroitement à cette maison, mais mon extrême jeunesse et la situation toujours peu sûre où je me trouvais, par suite de mon inscription sur la liste des émigrés, ne permit pas alors d'en accepter l'aveu. Mon projet de mariage avec l'une des filles de M. Leconte fut, bien malgré moi, comme on le suppose facilement, renvoyé à des temps plus heureux. Ressorti de France après la journée du 18 fructidor de l'an V (1797), je rejoignis le drapeau de Condé, et ce ne fut qu'au bout de six nouvelles années d'exil et d'une pénible séparation, que je pus enfin unir ma destinée à celle qui, depuis, en a cimenté tout le bonheur.

Circonstance singulièrement remarquable, dont j'ai déjà parlé et que je me plais à reproduire en terminant ce récit ; cette union a été célébrée dans cette même église de Saint-Gildas d'Auray et sur les marches du même autel où, huit années auparavant, j'avais passé ma première et si cruelle nuit, comme prisonnier de guerre, dévoué à la mort.

O mon Dieu ! je me prosterne, je m'humilie aux pieds de votre sainte et divine Providence, et, sans chercher à en pénétrer les desseins, je les adore silencieusement. — Ah ! si en me faisant survivre à tant de nobles victimes, vous n'avez pas permis que je pusse être l'héritier de leurs vertus et de leurs talents, permettez au moins que je le sois de leur attachement inébranlable, de leur fidélité, de leur dévouement sans bornes à la cause sacrée pour laquelle elles ont été immolées. — Heureux, aujourd'hui, de me considérer comme leur représentant dans la garde royale ([1]), je n'ai plus à former qu'un seul et dernier vœu, celui de mourir comme elle pour mon Roi, pour le Roi légitime de mon pays, et de montrer

([1]) M. de Grandry était capitaine avec brevet de chef de bataillon au 5e régiment de la garde.   (N. de la R.)

par cette glorieuse fin que je n'étais point indigne de mourir avec elles.

Et vous, mes enfants, mes fils bien-aimés! vous, pour qui seuls j'ai rédigé cette relation, vous dont l'existence participe du miracle qui a sauvé la mienne, réunissez-vous pour louer le Seigneur avec moi. Partagez ma gratitude envers mes libérateurs et mes bienfaiteurs. Que leurs noms, gravés dans votre cœur et dans votre mémoire, y soient toujours honorés et chéris; transmettez-le d'âge en âge, afin que le souvenir du bienfait soit aussi durable que le sang qu'il aura conservé. — Appelés, sans doute, à la carrière des armes, vous y marcherez avec honneur, vous serez de dignes et valeureux défenseurs du trône et de l'autel, vous ne sacrifierez jamais vos devoirs à une déplorable et coupable ambition. Vous saurez qu'une conscience pure et droite est le premier et le plus précieux de tous les biens. Cette vie, que vous tenez si spécialement de la Providence, vous la consacrerez à la pratique de toutes les vertus, et vous serez prêts à la perdre mille fois plutôt que de jamais trahir la Religion et le Monarque. — Un jour, peut-être, vous serez à même de visiter ce champ où reposent tant de martyrs de la fidélité ; vous irez y verser quelques larmes sur la tombe de mes amis, sur cette terre que j'ai vue toute trempée de leur sang; et si, lorsque je ne serai plus avec vous, il arrive un temps que j'espère, où on fasse revivre l'ordonnance qui autorise l'érection d'un monument à leur mémoire, rappelez-vous que j'avais déjà souscrit pour cet objet, et que la somme que j'y ai consacrée doit, le plus tôt possible, recevoir sa pieuse destination. Ce sera, je le crois bien, la seule dette que je vous léguerai. Elle deviendra sacrée pour vous autant qu'elle l'est pour moi, et à cet égard, comme à tout autre, je me repose entièrement sur votre affection (¹).

Le Chevalier BERTHIER DE GRANDRY.

An 1816.

(1) Les vœux de M. de Grandry sont aujourd'hui et depuis longtemps exaucés. Un double monument, inauguré en 1829, consacre le souvenir des victimes de Quiberon ; c'est d'abord un tombeau à la Chartreuse d'Auray, puis une chapelle expiatoire au Champ des Martyrs. Le Champ des Martyrs est une vallée étroite et marécageuse qui s'étend de la

APPENDICE.

Qu'on nous permette ici quelques détails qui compléteront sur un point le récit de M. de Grandry. M. de Grandry parle, à la page 30, du sursis qui fut provisoirement accordé aux prisonniers âgés de moins de vingt-et-un ans, et, à la page 32, des vains efforts de Mlle de Talhouët pour sauver son frère. Voici dans quelles circonstances eurent lieu les faits qu'il rappelle.

rivière d'Auray aux côteaux de sa rive droite. On y a planté deux rangs de sapins dont la tristesse solennelle s'allie bien à l'aspect morne des lieux et au deuil des souvenirs. A l'extrémité de cette petite vallée s'élève la chapelle à laquelle on a eu le tort de donner la forme d'un temple antique. Sur le portique on lit : *Hic ceciderunt !* « C'est ici qu'ils tombèrent! » — Et plus haut : *In memoria æterna erunt justi.* « La mémoire des justes sera éternelle. » — Il n'y a que la Religion pour opposer toujours ainsi la grandeur des consolations à la grandeur des souffrances.

L'autre extrémité de la vallée est marquée par un obélisque surmonté d'une croix. De cet obélisque part une avenue qui gravit le coteau et aboutit à la Chartreuse. La Chartreuse d'Auray occupe la place de la chapelle de *Saint-Michel-du-Champ*, fondée par Jean IV sur le champ de bataille où périt Charles de Blois. C'est là qu'ont été transportés en 1814 les ossements des victimes de Quiberon. Ainsi la même terre recouvre les compagnons de Duguesclin et les compagnons de Sombreuil.

Le tombeau de ces derniers occupe une aile qui a été ajoutée à l'église de la Chartreuse. Il est de marbre blanc et s'élève sur un haut stylobate que recouvrent les noms des victimes. On en compte 952. Le tombeau lui-même, œuvre de M. Caristie, est du plus riche dessin, chacune de ses extrémités présente deux bustes : du côté de l'entrée, le comte d'Hervilly et le comte de Sombreuil, surmontés de la figure en relief de Mgr de Hercé, évêque de Dol, dans le tympan cintré du sarcophage ; du côté de l'église, le comte de Talhouët et le comte de Soulanges, au-dessus desquels apparaît la Religion déposant une couronne sur un tombeau. Enfin deux grands bas-reliefs ornent les faces latérales. L'un d'eux représente le débarquement de l'expédition ; l'autre, Gesril du Papeu s'élançant à la mer pour dégager sa parole. Parmi les inscriptions nous citerons celles-ci : — Tous nos frères sont morts pour Israël. — J'ai espéré en Dieu, je ne craindrai pas. — Vous recevrez une grande gloire et un nom éternel. — Sur la façade extérieure de la chapelle on lit: *Gallia mærens posuit.* « La France en pleurs l'a élevée. »   (*N. de la R.*)

Le comte de Talhouët, tué, le 16, à l'attaque des lignes de Sainte-Barbe[1], avait quitté la France avec son fils aîné, Louis de Talhouët, qui avait fait depuis, sous ses ordres, toutes les campagnes de l'émigration. Ce jeune homme se trouva au nombre des prisonniers qui furent dirigés sur Auray, dans la soirée du 23 juillet. Depuis quelque temps, sa mère s'était fixée dans cette petite ville, et elle dut, comme tous les autres habitants, éclairer sa maison pour le passage du lugubre cortége. On comprend aisément quelles furent ses impressions et ses angoisses. Le lendemain matin, Mme de Talhouët chercha à voir son fils. Sa fille aînée l'accompagnait. Nous ne dirons point ici les émotions de cette visite, émotions que tous les prisonniers partagèrent[2]. Elles furent d'autant plus pénibles que Louis de Talhouët n'avait aucune foi dans l'efficacité de la capitulation. Il n'était bruit cependant que de cette capitulation dans la prison, dans la ville; aussi la condamnation du comte de Sombreuil, de l'évêque de Dol et de quatorze de leurs compagnons d'infortune, condamnation prononcée le 27, fut-elle un coup de foudre pour tout le monde.

Souffrante, accablée, Mme de Talhouët envoya alors sa fille à Vannes, dans le but d'y consulter un homme de loi. Mlle de Talhouët partit avec Mme de Bocozel, dont le mari, cousin germain de son père, se trouvait, lui aussi, parmi les détenus[3]. L'une et l'autre se rendirent chez M. Jollivet, l'un des membres les plus distingués et les plus estimés du barreau de Vannes. M. Jollivet leur apprit l'exécution de M. de Sombreuil et de l'évêque de Dol, qui venait d'avoir lieu, et ne leur laissa, en ce qui les concernait, aucune espérance. — « Mais toutes les positions ne sont pas les mêmes, dit alors Mlle de Talhouët; mon frère a émigré avec mon père; il n'avait pas seize ans; il a donc agi sous l'influence de l'autorité paternelle. » M. Jollivet lui rédigea une pétition dans ce sens. Il en rédigea également une pour Mme de Bocozel, bien que son mari, ancien capitaine au régiment de Béarn, fût dans une position beaucoup moins favorable.

Munies de ces pièces, Mme de Bocozel et sa jeune parente se rendirent chez le représentant du peuple Blad, qu'elles trouvèrent dans sa cour, occupé avec quelques *citoyens* à examiner un cheval. A leur vue, Blad se

---

(1) Voir le Rapport de Hoche à la Convention.— *Moniteur* du 13 thermidor, an III.

(2) Voir les *Mémoires sur l'Expédition de Quiberon*, par M. de Villeneuve de la Roche-Barnaud, t. II, p. 163, et l'*Histoire de la Vendée Militaire*, par Crétineau-Joly t. III, p. 339, 3e édition.

(3) Armand Gouicquet du Plessis-Bocozel, capitaine au régiment de Béarn, chevalier de Saint-Louis, dernier descendant mâle de Rolland Gouicquet, le héros de Guingamp. Il avait épousé Clémence de Gouvello de Rosmeno.

détacha du groupe, et l'on monta en silence. Jusqu'à cette époque, Blad avait pris peu de part aux excès de la Révolution. Lors du procès de Louis XVI, il se prononça pour le sursis. Plus tard il fut incarcéré comme fédéraliste et connut en prison le vieux comte de Sombreuil, son fils aîné et son héroïque fille. La pétition que lui présenta M\ulle de Talhouët, parut l'émouvoir. — « Quelle triste mission m'a laissée Tallien! dit-il. J'ai été prisonnier avec le père et le frère de M. de Sombreuil, j'ai eu beaucoup de rapports avec eux, et c'est moi qui le fais fusiller! Mademoiselle (¹), ajouta-t-il, j'accorde un sursis à tous les jeunes gens qui ont émigré avant l'âge de seize ans. » — M\ume de Bocozel présenta à son tour sa requête. — « Je ne puis rien, répondit Blad; je vous tromperais si je vous donnais de l'espoir; mais la commission est humaine, je le sais; elle pourra sauver quelque infortuné. »

De retour à Auray, M\ulle de Talhouët rendit compte à sa mère du succès de sa mission. Elle le fit en présence de M. Ulysse Brachet, lieutenant au bataillon du Bec d'Ambez, qui montra, dans toutes ces circonstances, le dévouement le plus généreux (²). — « On vous abuse, dit aussitôt M. Brachet, l'ordre de sursis n'est point arrivé; la commission militaire est cassée et elle est remplacée par quatre commissions tirées des bataillons belges, qui vont siéger : l'une à Auray, deux à Vannes et la quatrième à Quiberon. »

M\ulle de Talhouët repart immédiatement pour Vannes, non plus avec M\ume de Bocozel, mais avec quelques autres infortunées. Elles vont ensemble chez le représentant du peuple. On leur refuse la porte; elles insistent vivement; Blad ouvre au bruit; M\ulle de Talhouët se précipite dans la chambre, malgré un officier qui veut la retenir par le bras. — « Qu'avez-vous, ma petite demoiselle? » lui dit Blad. — « Ce que j'ai, grand Dieu! vous me promettez un sursis, et l'ordre de surseoir n'est pas arrivé! vous parlez de l'humanité de la commission, vous y applaudissez, et la commission est cassée, et quatre nouvelles prennent sa place » !

Blad assura que le sursis aurait lieu. — « Mais on juge, on juge! »

(1) Il est remarquable que, dans toute cette conversation et par égard, sans doute, pour les deux suppliantes, Blad mit de côté le jargon révolutionnaire.

(2) Il est à regretter que M. Brachet ne soit désigné, dans les ouvrages qui parlent de Quiberon, que par son prénom d'Ulysse. Son zèle fut de tous les instants. Un jour qu'il était de garde à l'hôpital, quatre émigrés qui s'y trouvaient s'évadèrent. M. Brachet fut même momentanément emprisonné à cette occasion. Cet excellent homme vivait encore, ces années dernières, à Libourne, sa ville natale.

s'écria Mlle de Talhouët. Blad la conduisit alors au bureau de ses secrétaires. — « Veuillez bien, dit-il, leur dicter l'ordre de sursis. Le général Lemoine le fera expédier. Quant à moi, je pars pour Nantes. »

Le sursis était obtenu, mais serait-il sanctionné par la Convention? Jusque-là, ce n'était pas encore le salut, ce n'était qu'une espérance. Elle se changea toutefois en réalité pour un petit nombre qui s'évadèrent. Quant aux autres, leur sort s'améliora. On se montra moins sévère pour eux, et Louis de Talhouët étant tombé malade, on permit qu'il fût transporté chez une de ses parentes, pour y être soigné par sa famille. Il y fut placé d'ailleurs sous la surveillance d'un gardien qui se montra du moins plein d'humanité. Tout semblait donc annoncer un meilleur avenir. Mais la Convention voulait encore du sang; elle finit par annuler le sursis, au bout de trois semaines; et, un matin, tandis que Louis de Talhouët, à peine convalescent, se promenait appuyé sur sa mère et sur sa sœur, deux gendarmes se présentèrent avec ordre de le reconduire en prison. C'était le 25 août, jour de sa fête. Le lendemain matin, il était fusillé sur la Garenne de Vannes.

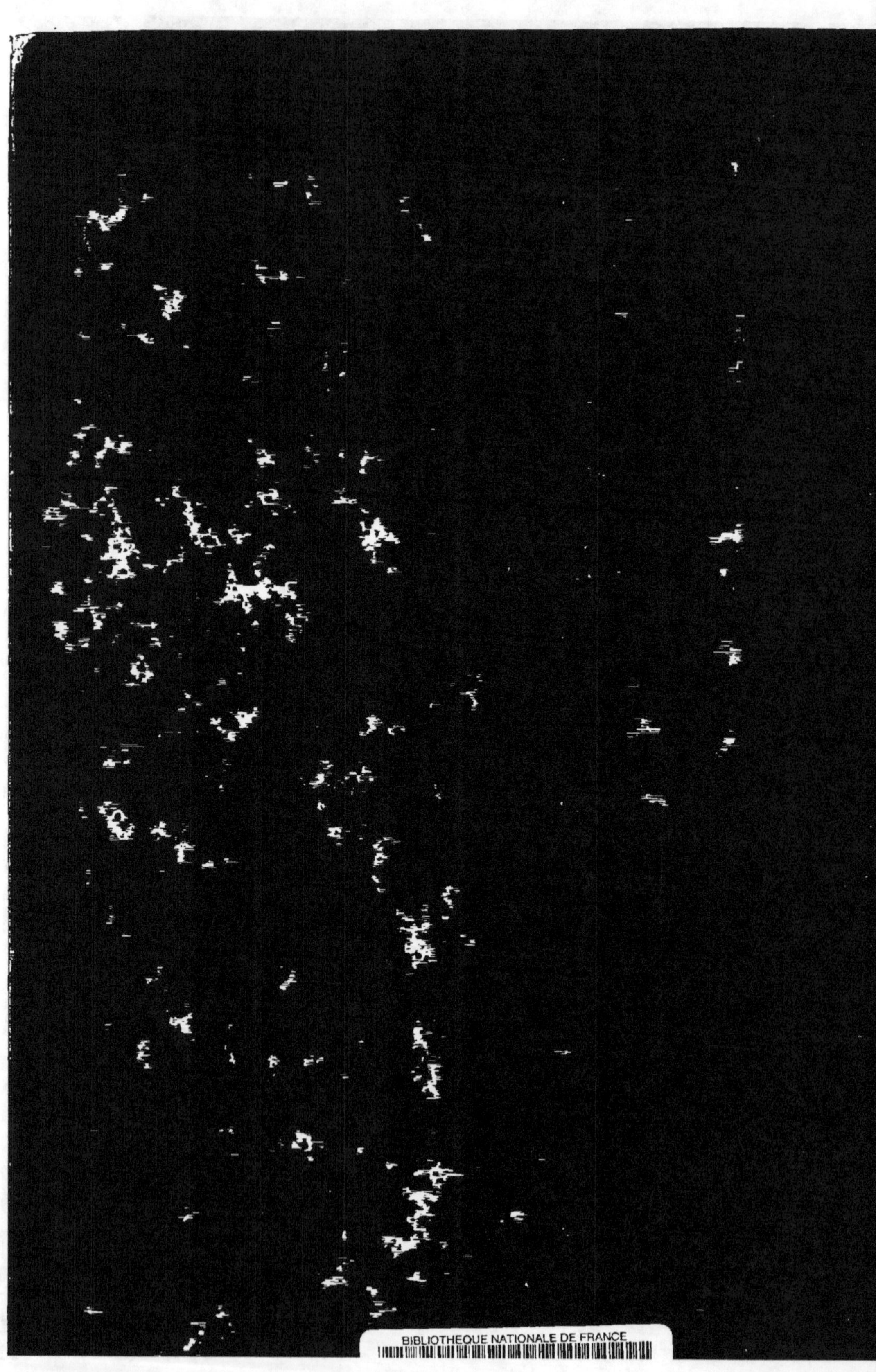

www.ingramcontent.com/pod-product-compliance
Lightning Source LLC
Chambersburg PA
CBHW061217030726
47595CB00004B/1288